佛窟 中国

EX LIBRIS

袁蓉荪 —— 著

五洲传播出版社

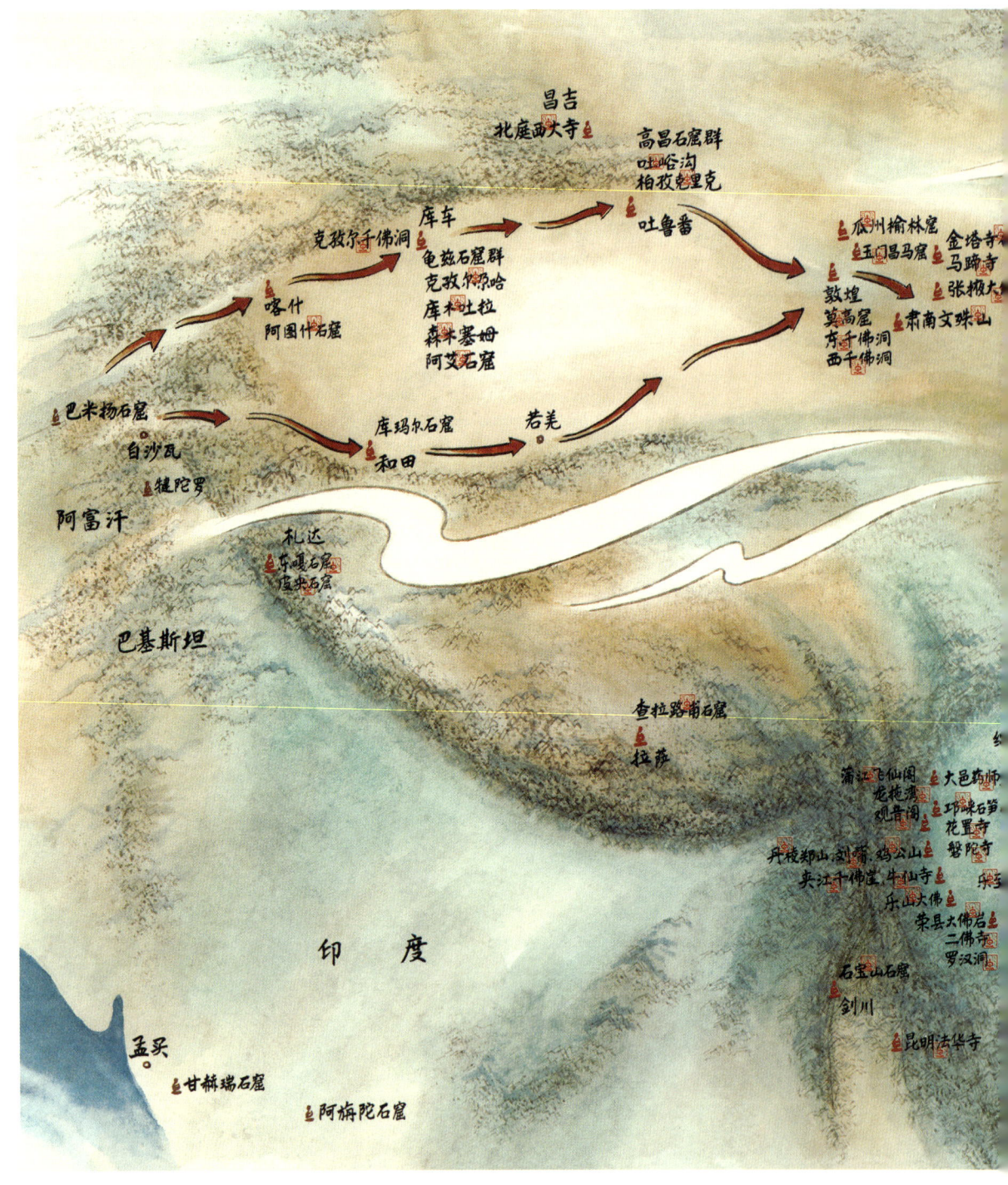

佛教石窟东传中国示意图及已参访地点　袁蓉荪 / 绘

佛教石窟东传中国示意图 袁蓉荪沐手所绘

万佛堂石窟
义县

鄂尔多斯
阿尔寨石窟

云冈石窟
大同

银川

中卫石空大佛寺
西吉火石寨
固原须弥山
王母宫
泾川南石窟寺
罗汉洞
华亭石拱寺
庄浪云崖寺

米脂万佛洞
子长钟山石窟
延安清凉山石窟
富县石泓寺
黄陵万安禅院
庆阳北石窟寺
彬县大佛寺

天龙山石窟
太原
平定开河寺
晋阳石马寺
唐县卧佛
井陉龙窝寺

南响堂山石窟
北响堂山石窟
邯郸

济南
柳埠千佛崖

青州驼山石窟
云门山

兰州

平顺金灯寺
高平羊头山
晋城碧螺寺

安阳灵泉寺

麦积山石窟
天水

义马鸿庆寺
虎头寺石窟
龙门石窟
万佛山
洛阳 巩县石窟
水泉石窟

栖霞寺石窟
南京
杭州飞来峰石窟
石佛院
新昌大佛

千佛崖
寺石窟 广元
巴中石窟群
阆中大佛寺 南龛 北龛石窟
三台大佛 水宁寺
潼南大佛寺 南部禹迹山
千佛崖 营山透明岩
广安冲相寺
安岳石窟群 合川涞滩石屋
卧佛院 弹子石石窟
华严洞 大足石窟群
毗卢洞 宝顶山
石羊洞 北山 重庆
茗山寺 石门山
千佛寨 石篆山
圆觉洞 尖山子

恩施
来凤仙佛山
伏波山石窟
西山石窟
叠彩山石窟
桂林

通天岩石窟
赣州

清源山
泉州 九日山

🔴 中国石窟
🔵 外国石窟
◻ 已参访

敦煌莫高窟第 332 窟唐代一佛二菩萨　2015.12.

重庆大足宝顶山南宋华严三圣　2010.12

目录

第三章　隋唐——步步生莲花

第四章 五代两宋——落日耀余晖

袁蓉荪

沉浸在千年佛窟的
时光中

　　平生第一次和石刻亲密接触，还是20世纪80年代初的事了，表叔骑着当时成都还不多见的雅马哈125型摩托车，搭着我去看大足石刻。那时，重庆还属四川，我们沿着蜿蜒起伏的老成渝路骑了一天才到大足宝顶山，虽早已灰头土脸，背痛腰酸，但我年少气盛，下了摩托车，便拿起海鸥4B型相机就拍了起来。那时拍摄，只为一时兴起，也不知所拍对象为何方神圣，不过走马观花地拍了两卷120黑白胶卷，到此一游而已。不曾想，这却为我二十多年后系统地拍摄石窟造像埋下伏笔。石刻造像的精美绝伦，佛菩萨威仪中的慈眉善目，给我留下了深深的印记。

　　后来，摄影慢慢开始走进我的生活。无论风光、风情，抑或古镇、民俗，皆沉迷于心仪影像寻觅中。偶尔也顺便拍一些石刻，不过浅尝辄止。2005年一次行走乡间古道的探寻之旅，却使我豁然洞开：一龛荒山草丛中长满苔藓的古代石刻造像吸引了我，石像虽风化残损，但慈祥的微笑隐约可辨，石板路上积水的马蹄印似乎在诉说佛与众生的千年故事，霎时万籁俱寂，似闻梵音，犹如一阵清新的风吹过，灵动山间，让我就此萌发探寻拍摄古代石窟的念想。醉心于石刻上千年风蚀的道道石纹和斑斑石花；

摩崖石刻上残存的朱砂、石青、石绿等矿物质颜料历经岁月洗礼后的迷人光彩；盘根错节的古树和慈眉善目的菩萨一同呼吸旷野的清新空气；特别是那些穿过浩瀚历史风尘的石刻造像的端庄静穆神态，千年不变，使人着迷。我开始系统研究拍摄巴蜀石窟，经年累月地翻山越岭，行走于巴蜀大地。遍访西南石窟造像后，进而生发求真溯源的愿望，追寻佛教石窟传播的步步佛迹，跋涉天南地北，弹指间，不觉酷暑严寒已十余载。

佛即众生，众生即佛。在漫漫历史长河里，佛与菩萨们历经岁月沧桑，阅尽人间繁华兴衰。十年游历于中国古老石窟造像间，却只是千年石窟在世间的一刹那；十年的行走拍摄，只是当今社会发展剧变的片段缩影，越来越熟悉，却愈来愈陌生。山野田间、村舍路边，络绎不绝的朝圣者渐渐稀疏，承接千年乡土习俗的一代代人们渐渐逝去……时光流转，梵影依然。一方水土一方人，佛与众生千百年来生生息息，佛佑芸芸众生，经年累月地注视着人们耕耘与收获，欢喜和忧愁。世代和这些佛窟造像生活在一起的众生百姓，虔诚地供奉、顶礼，以此获得精神的慰藉。然而，承载众生信仰的佛教石窟，当下或进入高墙大院，或圈入公园广场中，物是景非，貌似神离，佛前众生多为走马观花的游客路人。

石窟造像艺术，是一部开凿在石头上的史书，集宗教、建筑、服饰、雕刻艺术和人文历史的恢宏篇章，拍摄佛窟不仅为佛像本身，更是留存这段过往历史，佛与百姓众生延续千年的悲欢故事。石窟千年，人生有涯，在互联网时代，全球一体化的今天，拾取不断消失的活态背景下千年石窟的影像，记录石窟文化的人文环境与这段鲜活的历史，集结社会文化有意义的影像善本，是冥冥中了然的夙愿。心灵的崇敬，并非宗教的崇拜，而是对人类文化和文明的虔诚。在人类文明的衍化进程中，信仰与宗教意味的图本，不仅是人类文明的起源，更是社会文明发展的重要推力。

四川乐山市岷江、青衣江、大渡河交汇处的唐代弥勒大佛　2016.6.

石窟艺术，

开凿在石头上的

史书

自公元前 3 世纪古印度孔雀王朝的阿育王奉佛教为国教后，公元 1 世纪在大乘佛教的影响下，逐渐兴起佛像之风。古印度气候炎热，佛教徒为了坐禅修行时观想佛像，便开山凿洞成窟，还在洞中置佛像、佛塔，并在石窟中描绘壁画，就此产生了石窟寺。石窟在艺术构成上是建筑、雕刻、壁画的综合体，三者都围绕佛本生、佛传故事和经变故事的主题展开。最初，石窟造像与壁画仅是佛教徒禅定时的观想之用，其后演变出以像教化的功效，石窟开凿愈发辉煌壮观，千年石窟艺术也由此而诞生。

　　佛教石窟开凿在山上，一来信仰宇宙中心是须弥山，神住在山上，修行于山崖石窟就有了一种神圣的象征意义；二者山崖从物质形式上有两层含义，既有别世俗生活的隐世，又显示了隐世苦修的决心。隐世和苦修的意义也是印度、西域和汉地佛教产生辉煌石窟的原因之一。汉文化有沿自先秦以来的隐世传统，且有两汉陵墓内的画像传统，汉代画像砖通向了现世之外的神秘世界。不少学者认为，佛教在东汉前期就已经通过陆上或海上的丝绸之路，经西域或东南亚传入中原汉地。

3 世纪佛陀头像
巴基斯坦犍陀罗出土
法国巴黎吉美博物馆藏
2014.5.

5 世纪佛陀头像
印度北方邦出土　佛陀头像具有
笈多时期马图拉样式特点　印度
马图拉政府博物馆藏　2017.11.

6 世纪观音菩萨头像
印度萨尔纳特出土　观音头戴高花
冠，上方有一禅定印坐佛　印度萨尔
纳特考古博物馆藏　2017.11.

6 世纪莲花手菩萨像
印度那烂陀出土　具有笈多时期艺术的典型特征
印度国家博物馆藏　2017.11.

上图：5世纪佛像
　　　印度马图拉地区贾马
　　　普尔出土
　　　印度北方邦马图拉政
　　　府博物馆藏
　　　2017.11.

下图：南朝佛像
　　　成都万佛寺出土
　　　四川博物院藏
　　　2011.10.

　　敦煌莫高窟第323窟北壁有初唐所绘《张骞出使西域图》，描绘了汉武帝为礼拜金人，派遣张骞出使西域寻佛的画面，榜题曰："前汉中宗既得金人，莫知名号，乃使博望侯张骞往西域大夏问名号时。"印证张骞出使西域求取佛法之说。史载东汉明帝曾夜梦金人，遂派遣使者蔡愔、秦景等人在永平七年（64）远赴天竺求法，永平十年（67）终于以白马驮回金佛和经卷，并请回天竺高僧摄摩腾和竺法兰，于洛阳建白马寺布道，白马寺成为中国第一座佛教寺庙。佛陀与中国传统信仰中的神祇一同被膜拜，其形象常在四川地区汉代墓葬中，及与神仙思想有关的摇钱树上出现，成为把守通天渠道的神，也被当作生活在西方的神仙，与昆仑山上的西王母一样有长生不老的神力。

　　佛教教义与中国传统的宗教和伦理观念相结合，使得佛像被中原汉地的信众迅速接纳，促成了佛教石窟造像的兴起。汉代以降，佛教石窟就随着丝绸之路上往来不绝的商贾驼铃声传入中国，彼时，融汇古希腊—古罗马、中亚草原、南亚印度和中国汉文化等各种文明的佛教文化，经河西走廊在中原大地日益兴旺。至此，石窟造像艺术在漫长的岁月中，渐渐与中国传统雕塑、绘画、建筑相融合，且融汇中国本土的儒、道思想，生根发芽，开花结果，成就出中国古代文化艺术的又一朵奇葩。

宗教和艺术都是人类深邃的情感启示。美学家宗白华曰："文学艺术和宗教携手数千年，世界最伟大的建筑雕塑多是宗教的，第一流的文学作品也基于伟大的宗教热情。"以鸠摩罗什为代表的西域高僧在我国北方译经传道，得到皇家王室的大力支持和倡导，一时中土大地上，高僧大德誓志弘法，晨钟暮鼓不绝于耳，伴随佛教传播逐渐中国化、世俗化，石窟开凿造像也如火如荼。

佛教石窟往往与丝路古道上的重镇保持若即若离的距离。离城镇不远的山岳，有河流且岩石易于雕刻，所在之地都有佛窟的存在。依傍交通线上的城市，源源不断地提供了香客和佛寺的补给，而山野之隐，却营造了绝佳的礼佛修行环境，古人的智慧让人不由心生赞叹。

开凿石窟，是佛教发展到相当程度时的产物，宗教的虔诚使来自各地的工匠、艺术家创造出一窟窟、一龛龛精美绝伦的佛教艺术作品。从新疆克孜尔石窟、库木吐拉石窟开始，沿河西走廊的敦煌莫高窟、榆林窟、天梯山石窟、炳灵寺石窟、麦积山石窟、固原须弥山石窟，再花开陇东石窟群，经陕北到中原腹地，一路绽放出南北石窟寺、钟山石窟、云冈石窟、天龙山石窟、龙门石窟、巩县石窟、响堂山石窟等朵朵莲花，不断融合汉文化的石窟造像开凿，在北方中原各地此起彼伏达到高潮。然而，北方战乱却中断了石窟开凿的漫漫花季，中原大地结束了大规模开凿造像的历史。

柳暗花明中，唐代"安史之乱"和黄巢起义，玄宗、僖宗二帝都逃到安稳富庶的四川避难，社会政治活动重心一再南移，石窟艺术的火种随着接踵而至的达官显贵、文人雅士和工匠艺人传入巴蜀。他们既带来京城长安的粉本窟样，又有开凿佛窟的愿望。为祈求国泰民安，尽快平叛得以返回家园，于是间，上行下效，巴蜀各地的佛窟开凿就此遍地开花，由广元千佛崖、皇泽寺、巴中南龛、水宁寺，到梓潼、邛崃、蒲江、丹棱一路莲花开，经夹江千佛岩至乐山大佛，再到安岳卧佛沟、华严洞，大足宝顶山、北山石窟。巴蜀大地延续了中国石窟艺术史，犹如中国石窟这部史书的下半阕，巴蜀石窟造像艺术在宋代开创出中国晚期石窟的鼎盛辉煌时期。

分布在中国各地的石窟造像遗址，明清以来的地方志和游记著述多有所见，一些外国人在 20 世纪初即根据这些著录，调查了一部分中国的重要石窟造像。比如，1902 年日本人伊东忠太调查山西云冈石窟；1907 年法国人 E. 沙畹调查河南龙门石窟。但是，许多外国人的调查往往伴随着窃取和破坏：1904 和 1913 年德国人 A. 勒科克两次在新疆拜城、库车、吐鲁番石窟盗掘遗物，剥离壁画；1907~1914 年英国人 A. 斯坦因、法国人伯希和、日本大谷考察队等对敦煌莫高窟发现的重要经卷、文物的骗取窃夺；1933 年日本人对太原天龙山石窟、1934 年美国人对洛阳龙门石窟的肢解凿毁⋯⋯

中国有组织的石窟考察始于 20 世纪 30 年代，1930~1933 年的西北科学考察团调查新疆的石窟；1935~1936 年北平研究院和中国营造学社对响堂山石窟的记录，以及后来对甘肃、四川、重庆、云南等地石窟的实地勘测调查，特别是对敦煌石窟的考察研究，都取得了很有意义的成果。1949 年以后，石窟造像遗迹得到应有的重视，各地对现存的石窟都开展了调查记录，发现了许多湮灭已久的石窟造像，石窟寺的考古研究工作也逐渐展开。

中国的佛教石窟按形制有七类：一是窟内有中心塔柱的塔庙窟；二为无中心塔柱的佛殿窟；三是为僧人生活起居和禅修的僧房窟；四乃塔庙窟和佛殿窟中雕刻大型佛像的大像窟；五是佛殿窟内设坛置像的佛坛窟；六为僧房窟中专为禅修的小型禅窟；七是小型禅窟组成的禅窟群。佛窟以形制和造像的差异，分为新疆、中原北方、南方巴蜀和西藏四大地区。这些地区分布的石窟造像，虽然都有其共有的宗教文化特征，但因为各区域经济状况、文化传统和生活习俗上的差异，在许多方面就呈现出明显的地域特征。

新疆地区的石窟，主要分布在喀什以东的塔里木盆地北沿一线，集中在今库车、拜城一带的古龟兹地区、今焉耆七格星一带的古焉耆和今吐鲁番的古高昌三个地区。在古龟兹区，有拜城克孜尔、库车克孜尔尕哈、库木吐拉、森木塞姆石窟；古焉耆区的七格星南、北石窟；古高昌地区，主要有吐鲁番的吐峪沟、柏孜克里克石窟。这里的佛窟多

上左图：5~6 世纪结跏趺坐禅定佛佛像范模
　　　　新疆于田县喀拉墩遗址出土，印度笈
　　　　多时期马图拉造像风格。
　　　　2017.11.

上中图：6~7 世纪泥塑佛像范模
　　　　新疆皮山县杜瓦遗址出土，具有西域
　　　　特征，多用模型制作。
　　　　2017.11.

上右图：7~8 世纪比丘头像
　　　　新疆库车县库木吐拉出土，现藏于法
　　　　国巴黎吉美博物馆　2014.5.

下图：　7 世纪菩萨胸像
　　　　新疆库车县库木吐拉出土，现藏于法
　　　　国巴黎吉美博物馆　2014.5.

塔庙窟、大像窟、僧房窟、禅窟及少量的禅窟群。这些不同形制的佛窟，窟内大多绘有壁画，大部分原来还置有塑像。早期主要是释迦、交脚弥勒等造像和表现释迦的本生、佛传和因缘的壁画。6世纪后出现千佛和中原北方盛行的阿弥陀以及净土，一些密教形象也逐渐传播到这里，壁画布局和绘画技法也开始受到中原北方石窟的影响。

中原北方地区指新疆以东、淮河流域以北及长城内外的广大地区。这片区域的石窟数量众多，内容复杂，是中国石窟遗迹中的主要部分。可细分为四个区域：一为河西区，主要是敦煌莫高窟、榆林窟、东西千佛洞及酒泉文殊山、肃南金塔寺、武威天梯山石窟；二是甘宁河东区，主要有永靖炳灵寺、天水麦积山、固原须弥山、庆阳南北石窟寺等；三为陕西区，主要有彬县大佛寺、富县石泓寺、黄陵万佛寺、延安万佛洞、子长钟山石窟等；四为晋豫及以东区，主要是大同云冈、洛阳龙门、巩县石窟，以及邯郸响堂山、太原天龙山、义县万佛堂、青州驼山石窟等。

这片地区的石窟发展演变大致分为四个时期：第一期为5~6世纪，是这里开凿石窟的盛期，洞窟形制多大像窟、佛殿窟、塔庙窟，也有少量禅窟和禅窟群。造像主要是三世佛、释迦、交脚弥勒、释迦多宝对坐、千佛和思惟像，其后出现七佛、无量寿、倚坐弥勒、观世音和骑象的普贤像等。第二期即7~8世纪，主要盛行佛殿窟、大像窟和佛坛窟。除释迦造像外，阿弥陀、弥勒、药师等净土图像和观世音像逐渐复杂起来，出现了地藏像，密教造像也开始盛行。第三期是9~10世纪，石窟开凿渐趋衰落，石窟形制模拟地上佛殿的情况日益显著，佛殿窟后面凿出了背屏，佛龛两侧流行文殊、普贤左右相对，观世音的崇拜更为普遍，开始流行窟前构筑木制堂阁。第四期即11世纪以后，石窟开凿愈来愈少。造像题材中罗汉群像逐渐盛行，出现了布袋和尚，儒释道三教合一窟也开始出现。有的石窟内外全部雕出仿木结构，年代愈晚愈加突出。

南方地区指淮河以南地区。这个地区石窟布局分散，摩崖造像多于洞窟，可细分为三个区域。一是江浙华东区，主要是南京栖霞山、新昌大佛寺、杭州飞来峰石窟以

及赣州通天岩、泉州清源山、桂林伏波山等；二是巴蜀区，主要有四川的广元千佛崖、皇泽寺，巴中石窟群，安岳石窟群，乐山大佛以及邛崃、蒲江、仁寿、夹江等石窟和摩崖石刻；重庆主要是大足石刻群、潼南大佛以及合川、江津等；三为云南地区，主要是剑川石钟山石窟及安宁法华寺石窟等。

开凿于5~6世纪的南京栖霞山造像和新昌剡溪大佛，多为摩崖石刻前接木构殿阁。广元一带6世纪的石窟，形制多属佛殿窟，少数为塔庙窟。这时期的造像除释迦外，多无量寿和弥勒倚坐像，以及释迦多宝对坐像。8世纪后，四川岷江、嘉陵江流域的窟龛盛行倚坐弥勒、净土变相和各种观世音造像。10~11世纪多雕地藏和罗汉群像。11世纪大足石篆山出现了最早的儒释道三教石窟。12世纪大足宝顶山的造像内容更加丰富，除常见的经变、观世音等形象外，还出现援儒入佛、儒教题材。杭州西湖一带的窟龛开凿于10~14世纪，早期多雕阿弥陀、观世音和罗汉像。13世纪以后雕藏传密教形象。9~13世纪南诏国开凿的大理剑川石窟多为佛殿窟，早期主要造弥勒和阿弥陀。10世纪以后开凿观世音、毗沙门天王和密教的八大明王，还有南诏王及眷属的造像龛。

西藏地区的摩崖造像分布广泛，多为禅窟和僧房窟，主要有拉萨查拉路甫、拉孜木扎山、达孜扎耶巴石窟以及札达东嘎和皮央石窟等。题材多释迦、弥勒、千佛、十一面观音和各种护法形象，通常附刻六字真言。雕凿时间大都在10世纪以后，即藏传佛教的后弘期。拉萨药王山是西藏窟龛较集中的一处，东麓的查拉路甫石窟，是西藏唯一的吐蕃时期开凿的塔庙窟，塔柱四面各开一坐佛龛。山南乃东等地的天然溶洞，有不少相传是吐蕃时期高僧的禅窟。这时期，窟形规整、四壁满绘佛像的佛殿窟，由克什米尔传入阿里地区，开凿出东嘎、皮央佛窟群。

纵观石刻发展的历史，北魏和唐代是中国石窟开凿的两次高潮，沿着丝绸之路和江河古道，石窟凿造的薪火渐次在古称西域的新疆、甘肃河西走廊、中原黄河流域和巴蜀大地传播。在中国石窟漫长的历史演化进程中，兼收并蓄，互为影响，不断融合本土文化和儒道思想，形成不同时代的特色模式和内涵。魏晋时期以云冈石窟为代表的早期石窟，因受印度犍陀罗等艺术形式影响明显，石窟造像多呈现"胡貌梵相"，融汇北魏文化的"云冈模式"和"瘦骨清像"影响中原并反哺河西走廊；龙门石窟及其后的隋唐石窟，更具印度文化和中国文化融合的特点，进入开凿石窟的盛期；唐宋晚

唐代巴中市南龛石窟　　2011.4.

期石窟代表的安岳、大足石刻，汲取前期石窟艺术精华，植根悠久的巴蜀文化沃土，形成鲜明的本土化、世俗化特色，形成中国石窟开凿的第三次高潮。

　　佛教石窟从印度到西域至中原汉地，是从苦修之地变成崇拜之地；由对涅槃的冥想转为现实的沉思，由对人生苦谛的寻味演化为对人生福祉的追求。石窟文化融入中国各个历史时期社会生活的方方面面，百姓的生活部分依赖于这些传统文化作为精神支撑，漫长岁月中使这一文化现象地域化、生活化。佛窟题材和内容的多样性、丰富性，以及独特的宗教文化内涵，极大地丰富了中国石窟艺术宝库。

　　古老的佛窟传入中国，至今已穿越1700年的风尘岁月，昂然伫立，微笑永恒，佛窟造像是研究中国社会史、佛教史、艺术史及中外文化交流史的珍贵资料，成为人类宝贵的历史文化遗产。

新疆克孜尔石窟壁画

2013.8.

第一章

东晋十六国

梵 音 自 西 来

公元401年，

后秦国国君发兵十万攻打凉州，

只为将高僧鸠摩罗什迎至长安。

鸠摩罗什在长安对佛教的关键词汇给出了详尽准确的解释，

如世界、烦恼、苦难、未来、心田、爱河……

这些词汇，

1600多年来没人能增减或改动一字。

西晋王朝灭亡后，公元 317 年司马睿重建晋室，史称东晋。"十六国"源于北魏的《十六国春秋》："五凉、四燕、三秦、二赵，并成、夏为十六。"

　　中国佛窟创始时代，历史文献少有记载，就现已发现有纪年可考，当首推开创于前秦建元二年 (366) 的敦煌莫高窟。又据清人考证谓"像教自汉明帝流入中土，终汉之世，凡宇内……未有镌及佛像者，至东晋始有之"。就此，中国的石窟造像之始，学界都认同东晋十六国时期 (304~439) 创始之说。

　　佛教最早传入中国的地域是新疆，这里的石窟原有的泥彩塑造像，皆因早期人为破坏，已荡然无存。1953 年，新疆考古工作队踏遍天山南北勘查，仅在克孜尔窟群流沙中找到一块立佛的残肢，从犍陀罗式的造型风格可判断为较早时期造像。2014 年我独行欧洲考察博物馆的中西方石刻，在巴黎吉美博物馆见到了法国探险家伯希和从中国新疆、甘肃带走的文物，其中包括新疆佛窟里少见的泥彩塑佛像。这期间有代表性的佛教造像窟龛，有今甘肃境内的河西四郡的敦煌莫高窟、西千佛洞、安西榆林窟、永靖炳灵寺、天水麦积山等 20 多处石窟。其中肃南文殊山千佛洞、金塔寺北凉壁画、塑像飞天比敦煌莫高窟还早。在炳灵寺石窟距离地面 60 米的第 169 窟，长方形洞窟里有佛龛和壁画编号 24 号，西秦建弘元年（420）的墨书造像题记尚存，这是迄今为止中国石窟中发现的最早的纪年题记，为中国早期石窟的断代提供了重要依据，弥足珍贵。

凉州对于中国石窟开凿历史，具有特别重要的意义。公元385年，前秦将军吕光在河西走廊的凉州城建立后凉国。吕光从龟兹带走西域高僧鸠摩罗什。鸠摩罗什被当成一件特殊的战利品困在凉州17年，便顺势在凉州传法，学习了解中原文化和语言。公元401年，后秦国国君姚兴因景仰鸠摩罗什，想据为己有，发兵十万攻打凉州，把鸠摩罗什迎至长安。长安开始兴建大规模的官办译经场，派800僧人助鸠摩罗什，对佛教的关键词汇给出了详尽准确的解释，世界、烦恼、苦难、未来、心田、爱河……由鸠摩罗什创造出来的这些词汇，1600多年来没人能增减或改动一字，早已融入我们的生活。

公元411年，北凉王沮渠蒙逊邀天竺高僧昙无谶来凉州讲经说法，昙无谶带来一本桦树皮写就的《涅槃经》。北凉王立刻请他翻译《涅槃经》。住在凉州的昙曜也追随昙无谶学习《涅槃经》。禅修需要僻静适宜的地方，昙无谶选择了武威天梯山，北凉王就命昙曜为开凿石窟的主管。就此，河西走廊祁连山沿线，一大批佛教石窟此起彼伏地相继开凿，天梯山石窟创立了中国石窟的"凉州模式"。

上图：新疆库车河两岸的苏巴什佛寺，近处为西寺遗址　2013.8.

下图：苏巴什佛寺东寺遗址　2019.5.

苏巴什佛寺

- 3~13 世纪
- 新疆维吾尔自治区库车县雀离塔格山
- 世界文化遗产　全国重点文物保护单位

　　苏巴什佛寺又名"昭怙悝大寺"，始建于魏晋时期，隋唐盛极一时，衰败于 13 世纪后期伊斯兰教的传入。"苏巴什"在维吾尔语中是"水源"的意思，位于距库车县城西北 20 余公里雀离塔格山的库车河两岸的台地上，以两岸的大佛塔为中心，形成东、西两个佛寺建筑群。这里曾经是丝绸之路上的西域大国——古龟兹国的所在地，东西方文化在此碰撞，形成独特的龟兹文化，中国古代三大佛经翻译家之一的龟兹高僧鸠摩罗什曾在此开坛讲经。

　　公元 658 年，唐朝安西都护府移设龟兹后，内地高僧云集，佛事更加兴盛。玄奘西天取经路经此地，亦在此驻留 60 多天参访讲经，玄奘法师在《大唐西域记》中对苏巴什佛寺描述道："荒城北四十余里，接山阿，隔一河水，有伽蓝，同名昭怙厘，而东西相称，佛像庄饰，殆越人工，僧徒清肃，诚为勤励。"两代高僧，隔着几百年时空，在此"相遇"。

　　龟兹的国家大寺苏巴什佛寺，是西域境内遗留的最大佛寺，是丝绸之路上佛教兴衰的见证，也是中原王朝经略西域的见证。历代高僧开坛讲经的佛堂已是残垣断壁，但如今依旧有许多世界各地的佛教信徒前来"寻根"。走在木栈道上，经过一个个僧房、经堂遗址，仿佛能听到那时万千僧侣诵经声。

上图：6 世纪泥塑火烧鬼脸面具，新疆库车县苏巴什佛寺
　　　出土，现藏于法国巴黎吉美博物馆　2014.5.
下图：唐代石刻佛像　苏巴什佛寺出土　库车龟兹博物馆
　　　藏　2019.5.

上图：6 世纪佛窟壁画　新疆克孜尔石窟第 17 窟　2013.8.

下图左：克孜尔石窟第 80 窟为中心柱佛窟，主室正壁上方所绘"降服六师外道"故事画，
　　　　为龟兹壁画精品　2019.5.

下图右：新疆克孜尔石窟外景与鸠摩罗什塑像　2013.8.

克孜尔千佛洞

- 3~9 世纪
- 新疆维吾尔自治区拜城县明屋塔格山
- 世界文化遗产　全国重点文物保护单位

　　佛教从印度西北部翻越葱岭，经塔里木盆地进入中国新疆，现库车县境内的西域龟兹古国是丝路重地，在此形成"西域佛教"，后传入中原，是佛教东渐的中心驿站，包括克孜尔千佛洞在内的龟兹石窟群是佛教石窟进入中国的第一站。中国东方学泰斗、北京大学季羡林教授曾说："龟兹是古印度、希腊—罗马、波斯、汉唐文明在世界上唯一的交汇地方。"

　　木扎提河从明屋塔格山千佛洞前缓缓流过，古龟兹国延续开凿600多年绵延3公里的克孜尔千佛洞，是中国最西最久远的石窟群，现存洞窟236个，壁画约5000平方米，仅开放其中6个窟。千佛洞的塑像和壁画均塑绘于支提窟内，塑像大多已毁，壁画多描绘佛传、因缘、佛本生、供养和千佛故事，形象带有明显希腊化的犍陀罗风格。壁画的菱格构图独具特色，每个菱形格为一个佛教故事。壁画直接绘于泥壁上，既采用能覆盖的矿物颜料，也使用透明颜料着色，平涂烘染与水色晕染结合，这种湿画法是古龟兹国人的创造。

　　从龟兹高僧鸠摩罗什的塑像前走过，登上高高的石阶和栈道，千佛洞一个个窟门紧锁。现今石窟内到处满目疮痍，在19世纪末20世纪初，许多洞窟整壁的壁画被外国探险家用胶布粘揭取走，成为欧美许多博物馆的藏品。

4世纪伎乐飞天壁画　新疆克孜尔石窟第48窟　2019.5.

上图：西夏壁画　文殊山万佛洞
2015.12.

下图：文殊山与西夏佛塔　2015.12.

文殊山石窟

- 5 世纪
- 甘肃省张掖市肃南裕固族自治县祁丰藏族乡
- 全国重点文物保护单位

文殊山是祁连山北麓的一条支脉，峰峦叠列，由东南向西北逶迤蜿蜒于肃南城西三十里。开凿于北凉时期（401~433）的文殊山石窟，依山就势凿造在文殊山前山和后山的崖壁上，现存窟龛大小100多个，窟前寺院遗址28处。重要洞窟尚存前山的千佛洞、万佛洞，后山的古佛洞和千佛洞，均为平面方形穹隆顶的中心柱窟。

前山北凉前期开凿的千佛洞，窟内方塔形中心柱，四面分两层开龛造像；每面凿圆拱龛，内塑一佛，龛外塑二胁侍菩萨，造像健壮古朴；洞窟四壁上层大面积绘千佛，中部绘一佛二菩萨说法图，下部绘供养人像；窟顶绕柱彩绘手持供物的伎乐飞天，奏乐飞舞，轻盈翱翔。壁画采用西域晕染画法，强调色彩的明暗对比和人物形象的立体效果。

千佛洞北侧的万佛洞，中心柱四面也分两层开龛，每龛塑一佛二菩萨，壁画大部分为西夏重绘。窟内北壁绘观音和千佛；东壁为"弥勒经变"图，乃西夏壁画代表作；西壁是经变故事，3壁下方彩绘佛本生故事。

文殊山石窟为凉州模式的中国早期佛教遗存，是研究十六国时期佛教艺术的珍贵资料，对河西地区与西域的佛教建筑、艺术关系的研究有重要价值。

祁丰乡为藏民族集聚地，还有裕固、回、蒙古、汉等民族居住，汉传、藏传佛教与道教并立，寺庙庵观共存，在全国实属罕见。这里曾经殿亭楼阁360余座，前山后山到处香烟缭绕，每年农历四月初一至初八的文殊山庙会，来自周边市县的香客游人、商贾小贩每天上万人，前后两个大戏台，有10多家车马店。因寺庙众多，香客游人逛完得几天时间，文殊山的名气在河西地区甚至比莫高窟还大。但1958年，寺庙被拆，刻有壁画的木板拿去搭建食堂，大炼钢铁时，一些铜佛铁像也被投入火中……文殊山就此衰落。20世纪80年代，还有村民将寺庙的围墙拉到田地里做肥料。

北凉中心柱石窟　张掖文殊山千佛洞　2015.12.

马蹄寺石窟群

- 4~14 世纪
- 甘肃省张掖市肃南裕固族自治县马蹄乡
- 全国重点文物保护单位

距张掖市 65 公里的肃南马蹄寺石窟群，由胜果寺、普光寺、千佛洞、金塔寺及上、中、下观音洞七处组成，共有 70 余个窟龛。每处石窟，多则 30 余窟，少者如金塔寺仅 2 窟。马蹄寺因传说天马在此饮水落下石马蹄印而得名，马蹄印迹现存于普光寺的马蹄殿，为镇寺之宝。这些石窟群始建于晋代，初为汉传佛教寺院，元代藏传佛教在此兴盛，逐渐演变为藏传与汉传佛教结合的寺院。藏传属格鲁派青海东科尔寺的属寺，自建寺就香火尤盛，最盛时僧众达 1000 余人，20 世纪 50 年代僧众尚有 50 余人，可见历史上马蹄寺的辉煌。

普光寺"三十三天洞"石窟是马蹄寺石窟的标志，上下 7 层 21 窟，呈宝塔型开凿于百米高的岩壁上，内有佛殿，外有回廊，每层之间都有狭窄陡峭的隧道相通，内外窟龛 49 个，造型奇特，主窟供奉绿度母菩萨，而藏佛殿是国内现存最大的石窟之一。

三十三天缘何而来？其缘于佛教"三界"说。三界即欲界、色界、无色界，世间一切"有情众生"皆在三界"轮回"，人类社会与饿鬼畜生皆居最低的欲界，达到涅槃境界成佛才能超脱三界外。天有六重，即"六欲天"，须弥山之巅居中央的帝释天，四面 4 座山峰，各有 8 位诸天神居住的八天，即四八三十二天，与帝释天合为"三十三天"，即佛教中的功德圆满。

马蹄寺在"文革"中遭到极大的破坏，石窟造像和壁画基本被毁坏殆尽，石窟外的建筑更是荡然无存，现存普光寺的马蹄殿、藏佛殿等，多为改革开放后重新修复。而大雄宝殿、观音殿、药师殿，尚为明万历年间（1572~1620）的旧迹遗存，历经几百年风雨沧桑仍屹立于百丈悬崖，惊叹古人建筑技艺之卓越。

上图：普光寺三十三天洞　2015.12.

下图：开凿浩大复杂的藏佛殿　2015.12.

金塔寺石窟

- 4 世纪末
- 甘肃省肃南县李家沟村
- 全国重点文物保护单位

　　张掖曾为雄霸五凉的北凉国都城，北凉时期是中国石窟寺规模化开凿的开端，被称为"凉州模式"。北凉王沮渠蒙逊于 401 年在家乡为其母开凿的金塔寺石窟，就是这一时期的杰作。从马蹄寺石窟沿祁连山边的盘山乡村路行 20 余公里，穿越有 80 户藏族人家的李家沟村，走出一片原始森林就看到了金塔寺石窟。这里是特窟中的特窟，复员军人刘国虎站长和小张住在金塔寺文物保护站，长年累月地看护石窟。

　　如同朝圣般登上 211 步陡梯，经 3 重防盗门打开 6 把铁锁，才躬身进入 1600 年前的佛窟。映入眼帘的是高大的中心方柱，四面分上中下 3 层开龛造像，每面分层开龛，龛内石胎泥塑的佛跏坐于莲台，侧立菩萨等。它们大都面相浑圆，具有西域及北方少数民族的容貌和服饰特征。金塔寺石窟仅东、西两窟。龛顶采用立体悬塑法的 10 余尊高肉浮雕飞天，身姿呈 V 字形，上身和双腿悬空，犹如要飞离龛壁，它是中国石窟中绝无仅有稀世珍宝。

　　2001 年初，金塔寺石窟曾遭两个盗贼破坏，两尊飞天被整块抠下，墙上大片壁画被铲。历时 1 年半破案后，其中 1 尊红裙飞天从尼泊尔追回，绿裙飞天手臂被折断，也终于经专家修复。相关部门加大了保护力度，内外加装钢筋防护栏、钢板门，附近修建起 2 层小楼的保护站，石窟不再对游人开放。

金塔寺高肉浮雕飞天　2015.12.

金塔寺仅有的两个石窟之一的北凉中心柱窟　2015.12.

北魏河南巩县石窟

2016.3.

第二章

南 北 朝

佛 陀 沐 汉 风

这是中国历史上大分裂、大动荡的时代，

也是一段民族大融合时期，

同时还是中国佛教快速发展的重要时期。晨钟暮鼓中，

南北各朝佛教大盛，各地竞相兴建寺庙、石窟，

形成中国石窟寺开凿的第一个高潮。

南北朝上承东晋十六国，下接隋朝，南朝（420~589）包括刘宋、南齐、南梁、南陈四朝；北朝（386~581）则有北魏、东魏、西魏、北齐和北周五朝。这期间，北方游牧民族南下入侵，史称"五胡乱华"，南北各有朝代更迭，长期维持对峙形势，故称为南北朝。

这是中国历史上大分裂、大动荡的时代，也是一段民族大融合时期，同时还是中国佛教快速发展的重要时期。专制王权衰退，士族势力扩张，汉族和游牧民族之间无休止的战争使广大百姓的生活痛苦艰难，只能从宗教中寻找安慰，继而转向对心灵具有极大安抚作用的佛教；各族的统治者们今天是皇帝，明天也许就会沦为俘虏和异族的奴隶，他们也需要从佛教中求得寄托。同时，因为看到佛教的传播对于安定社会起了很大的作用，统治者们就通过财物布施、政治支持等多种方式来扶持佛教，从而大大地推动了佛教的发展。

5世纪前期，北魏统一了中原北方地区，在北凉佛教的影响下，北魏统治者更是不遗余力地崇佛，建都平城（今大同）后，皇家即命开凿天梯山石窟的昙曜主持开凿著名的云冈石窟。北魏迁都前，平城一直是中原北方石窟开凿的中心，佛窟主要有大像窟、中心塔柱窟、方形或长方形佛殿窟、禅窟等，其洞窟形制、造像式样及题材等共同构成了"云冈模式"。迁都洛阳后，又在洛阳伊阙开凿龙门石窟，石窟造像艺术如莲花朵朵，由云冈、龙门石窟，再巩县石窟寺、太原天龙山石窟、义县万佛洞、邯郸响堂山石窟、庆阳南北石窟寺、麦积山石窟、敦煌莫高窟，沿着这一路建造石窟又回到陇原，融合中原汉文化的"云冈模式"和"秀骨清像"的石窟造像风格，影响中原并反哺河西走廊，不少僧人回溯西方，西来东往去问佛传经的漫漫足迹，重叠在河西走廊通往西域的丝绸之路上。

南北朝时期佛教石窟开凿已遍及中原地区，佛教流行至南方，佛窟也开始在中国南方和西部出现，寺庙更如雨后春笋，正如古诗描述的："南朝四百八十寺，多少楼台烟雨中"。南方地区以营建木构佛寺为主，开凿的少量窟龛主要是南京栖霞山石窟、新昌大佛窟等，与北方中原联系密切的川北广元，在这一时期也开始开凿千佛崖和皇泽寺石窟。至此，晨钟暮鼓中，南北各朝佛教大盛，各地竞相兴建寺庙、石窟，形成中国石窟寺开凿的第一个高潮。

敦煌莫高窟

- 4~15 世纪
- 甘肃省敦煌市郊
- 世界文化遗产　全国重点文物保护单位

　　佛家言，建佛窟功德无量。"莫高窟"之意，即没有更高的修为能比拟修建佛窟。自前秦建元二年（366）兴起的莫高窟，随着丝绸之路的繁荣在唐代达到鼎盛，开凿洞窟 735 个，壁画 4.5 万平方米，泥质彩塑 2415 尊，成为世界上现存规模最大最为丰富的佛教艺术宝库。

　　就石窟艺术而言，建筑、雕塑和壁画三者构成互为依存的整体，莫高窟以丰富多彩的壁画成为敦煌艺术的耀眼部分，而雕塑部分因供奉佛祖、菩萨在石窟中的显著位置，更是石窟艺术的主题。敦煌雕塑制作分泥塑和彩绘两个过程，故称为彩塑。泥塑中除几尊唐代巨佛采用石胎泥塑外，通常是以粗壮的木枝作身架，用谷草、芦苇或芨芨草捆扎在身架上。塑泥也有两层，头层草泥粗塑，外层用纸浆泥或棉花泥精塑，待干后即上色完工。

　　第 259 窟是莫高窟北魏时期最早的洞窟之一，释迦、多宝二佛并坐说法彩塑，是莫高窟现存 5 铺中最早的，塑像和壁画基本都是北魏原作，是佛教美术史的重要实物遗存。洞窟的开凿形式，前部继承中国传统的仿木结构人字披形，后部为仿西域的中心塔柱。仅是正壁中间凸出部分成为半个中心柱，这是中心塔柱的雏形，这种不成熟的表现形式可能是受龛内条件制约所造成。北壁的 242 号的墨迹，是中国画大师张大千先生当年为龛窟编号而亲笔书写的。

　　正壁凸出部分开一龛如方塔一样，象征多宝佛所住的七宝塔，塔内主尊塑释迦牟尼、多宝佛并坐说法像，头上波状发髻，身穿偏袒右肩式袈裟，厚重的袈裟贴在佛的周身，凸起的衣纹线随身起伏曲回，深受犍陀罗艺术的影响。佛龛两侧，各塑协侍菩萨两尊，头戴三面宝冠，上身赤裸，下身着裙，神情怡然。双佛并坐源自佛教经典《法华经见

第 259 窟释迦牟尼佛与多宝佛并坐说法像是莫高窟北魏时期最早的洞窟之一　2015.12.

宝塔品》，反映了大乘佛教思想在中国的传播流行。南北两壁双层开龛，内塑佛说法像、倚坐像和禅定像。上层为阙形龛，内塑在兜率天宫的弥勒菩萨和半跏思惟弥勒像，下层龛内塑穿北魏"曹衣出水"式袈裟，结跏趺坐的禅定佛像。其中北壁东侧的禅定佛像，身穿通肩袈裟，两眉细长眼略开，嘴角微露一丝笑，似乎体味着参禅悟道后的满足愉悦，是敦煌石窟中不可多得的上乘佳作。

　　敦煌的宝藏，在清朝日益衰弱的时代，引来不少列强的垂涎。列强纷纷派出"探险队"在敦煌等地考察考古，掠夺了大量的中国珍贵文物。

洞窟中均安装铝合金玻璃隔断保护　敦煌莫高窟第 259 窟　2015.12.

1907 年，英国著名考古学家斯坦因再入中国境内，在敦煌附近的古长城烽燧遗址，获得大量汉简，斯坦因即把营帐扎在莫高窟。之前，从一个维吾尔族商人那里听说莫高窟发现藏经洞的消息后，他曾匆忙地来过一次莫高窟。但执掌藏经洞门锁钥匙的王道士外出了，从另一年轻僧人处看到一件佛经写本的斯坦因，打算对敦煌的写本系统调查，所以考察完敦煌周边史迹后，再次来到莫高窟。斯坦因从敦煌带走了数千件写经、绢画、丝织品等，这些文物分别收藏于印度国家博物馆、匈牙利科学院、大英图书馆和大英博物馆。1913 年，斯坦因再次从王圆篆道士那里骗购了 570 卷敦煌珍贵文物。斯坦因即被英国皇家地理学会吸收为会员，授予爵士勋章。敦煌莫高窟的文物珍品大量流失海外，以致我们只能去海外的博物馆，才可一睹自己国家历史文物的风采。

如今，保护敦煌这些珍贵的文化遗产，已是一项艰巨复杂的研究课题，一代代敦煌研究院的学者，一直在大漠中不懈努力。为减少人流呼吸对文物造成的影响，莫高窟已设立特窟保护，限制开放洞窟量，以铝合金玻璃隔断把彩塑壁画全面防护起来，而这也仅仅是许多保护措施中的一部分。

隋末唐初三世佛造像　莫高窟第 244 窟　2015.12.

007

炳灵寺石窟

- 4~17 世纪
- 甘肃永靖县西南 40 公里黄河北岸大寺沟
- 世界文化遗产　全国重点文物保护单位

炳灵寺石窟的开凿可上溯到晋泰始元年（265），西汉前为羌人聚居地，故北魏称"唐述窟"，是羌语"鬼窟"之意，又历有龙兴寺、灵岩寺之称。炳灵寺石窟早期受印度犍陀罗、秣菟罗及凉州造像影响，中期受云冈、龙门造像影响，晚期受藏传佛教影响，历经北魏至唐宋元明等朝代的不断开凿、扩建，其间包括 15 世纪后藏传佛教的经营，形成具有藏汉两种文化风格的著名石窟寺，现存窟龛 212 个，造像 815 尊，壁画 900 平方米，石刻题记 62 处，各类佛塔 56 座。1962 年发现的 169 号窟，是迄今中国现存石窟中有明确纪年的最早造像题记，窟中第 6 龛发现的西秦"建弘元年（420）岁在玄枵三月二十四日造"的墨书题记，为研究炳灵寺石窟的建造年代提供了可靠的依据，同时，对全国其他石窟的断代研究也具有重要的参考价值。

甘肃永靖地区，自古是羌、氐、鲜卑、匈奴、吐蕃、党项等多民族活动的历史舞台，也是丝绸之路陇西段的交通要冲，青海道通往中亚西域的必经之地。大夏河、洮河在其附近汇入黄河，便捷的交通为炳灵寺的兴盛提供了有利条件。11 世纪时西夏与宋交战，西夏毁桥，导致丝绸之路改道，显赫一时的炳灵寺就此冷落，到清康乾时期，藏传佛教在此达到鼎盛。然而，晚清开始河州地区民族矛盾加剧，先后多次社会动乱给炳灵寺造成了严重破坏。几个大型洞窟被炸毁，大佛前的九层楼阁等被付之一炬。

1967 年刘家峡水库蓄水之际，省文化局对第 16 窟等几窟作了搬迁，有些佛窟只能长埋于水下，在栈桥上常见石壁上刻有：此处往下 ×× 米为 ×× 窟。当时 16 号窟 8.6 米长的大卧佛，被大卸 9 块迁移保存。1973 年，炳灵寺修建了通往石窟的栈道，给窟龛安装门窗遮挡风雨，1999 年，炳灵寺文管所腾出办公室建成卧佛寺，堆放 32 年的 9 块卧佛躯体终于九九归一。

上图：炳灵寺唐代弥勒大佛，整高 27 米，2012 年底才维修完工。大佛旁的木栈道通向
　　　著名的 169 窟　2015.11.

下图：炳灵寺石窟都安装了大小不一的木制窟门　2015.11.

008

云冈石窟

- 5~6 世纪
- 山西省大同市西郊 17 公里
- 世界文化遗产　全国重点文物保护单位

　　大同市西郊武周山南麓的云冈石窟，是佛教传入中国后，首次由一个民族用一个朝代，举皇家之力开凿的佛教石窟。北魏和平初年（460），凉州高僧昙曜为感念皇家的知遇之恩，秉承"帝佛合一"理念，在北魏京师平城率先开窟，为 5 位皇帝刻镌佛像，也就是云冈石窟著名的"昙曜五窟"。后经近 40 年持续营建，大窟大像的开凿终于完成。北魏迁都洛阳后，云冈大规模开凿虽然停止，但王公官吏、善男信女仍开凿造像达 30 余年，终成云冈石窟的宏大规模。云冈石窟造像东西绵延 1 公里，现存主要洞窟 45 个，规模不等的窟龛 252 个，大小造像 51000 余尊。

　　早期的"昙曜五窟"大气磅礴，有浑厚鲜明的西域情调；中期石窟则精雕细琢，以华丽装饰见长，呈现富丽堂皇的皇家风范；晚期石窟规模虽小，但人物造像清瘦俊美，生动传神，是中国北方石窟艺术的范本和"秀骨清像"的源起。第 20 窟主尊为释迦牟尼坐像，高 13.7 米，因石窟在辽代以前曾崩塌，故这尊造像成为露天大佛，也是云冈最大的造像。大佛面相丰圆，高鼻深目，双肩齐挺，显示出劲健浑厚、威仪肃穆的风格，背光火焰纹和飞天浮雕十分华美，把主佛衬托得雄浑大气。其雕刻技艺继承发展了汉文化传统，也汲收融合古印度犍陀罗、马图拉艺术的精华，在佛教艺术中国化过程中，创造出具有独特风格的石窟艺术代表作。

作者 30 年前在云冈
第 20 窟释迦大佛前
1985.5.

云冈第 20 窟释迦大佛
2015.7.

身披千佛袈裟 15.5 米的大佛
云冈石窟第 18 窟
2015.7.

羊头山石窟

- 5 世纪
- 山西省晋城高平市神农镇羊头山顶
- 全国重点文物保护单位

　　羊头山海拔 2000 米，因山巅伏卧一高宽 2 米，长近 3 米的石羊，羊身驮 2 米高有一佛二菩萨佛龛的方形石柱，故名羊头山。这一带留下许多炎帝神农氏的文化遗迹，2000 多年前战国晚期，著名的"长平之战"也发生在羊头山地区。公元前 262 年秦国用反间计，使赵孝成王撤换了赵国名将廉颇，启用"纸上谈兵"的赵括。被围 40 天的赵军粮绝无援，45 万人被俘后全部被杀在羊头山下，为古今中外战争史上最残酷的杀戮。

　　羊头山石窟开凿于北魏孝文帝太和年间（477~499），石窟顺着山腰至山顶散布的巨大石块雕凿而成。砂岩大小不一，则洞窟大小不等，多为长方形状。通常为 1 石 1 窟，个别 1 石 2 窟或 3 窟，较大窟龛有 22 个，小型佛龛 80 多个，目前开放的有 9 个较大石窟。

　　3 号窟和 5 号窟在羊头山诸窟中最精彩的。开凿在一块巨石上的 3 号窟，四面都有造像。主窟开口于南侧，向内凿出洞窟。窟门为圆形门柱凤鸟门，尖拱形门楣；门两侧各雕 1 尊菩萨造像，虽风化严重，仍能看出菩萨的高髻发型，流畅衣饰，为北魏早期风格。其余 3 面为：东侧辟 1 小窟，窟门雕两条小龙；西侧开 1 浅龛；北侧背部浮雕千佛。3 号窟为一石开两窟，整个巨石有大小像龛 30 余个。

　　8 号窟是 1 块歪斜于山顶的巨石，当地百姓称为"油篓洞"。或为误传，应为"游履洞"，乃北魏时期为纪念炎帝曾游历羊头山而雕凿。窟内四壁雕小佛龛百余个，行间刻供养人题名，窟门尖拱，门楣内雕忍冬纹，门柱莲台凤鸟，窟门侧立二力士。此窟不知何故，竟然为倾倒状，游客过此都甚为惊奇。

第3号窟是羊头山中最精彩的石窟之一
2017.10.

不知何故8号窟呈倾斜状，有人说是抗日战争时期被日本人飞机炸的，也有人说是早年地震造成的
2017.10.

南朝弥勒大佛　新昌大佛寺　2011.12.

010

新昌大佛寺

- 5~6 世纪
- 浙江省绍兴市新昌县大佛村
- 全国重点文物保护单位

　　新昌城西 3 里外南明山中有座新昌大佛寺，因雕凿于绝壁上已 1600 年的弥勒大佛和千佛岩造像而闻名。跌坐弥勒大佛高 13.2 米，座高 2.4 米，始凿于南齐永明四年（486），梁天监六年（507）梁建安王肃伟派僧祐主持续凿，终于在天监十五年（516）大功告成，历时 30 年。五代后梁开平元年（907）大佛寺遭火焚，909 年吴越王钱镠巨资建 3 层弥勒宝阁及殿宇 300 余间，赐为"瑞像寺"；宋大中祥符元年（1008）奉诏改为"宝相寺"；明洪武年间（1328~1388）改称石佛寺；明永乐九年（1411）重建宝阁改名毗卢阁，后遭兵燹，殿堂俱毁，仅这尊金身石刻弥勒大佛独存；清康熙年间（1662~1722）重修大殿，大佛再妆金容，改称南明寺；清咸丰年间（1831~1861）寺院再度被毁，光绪年间（1871~1908）再重建五层高阁，妆彩大佛及罗汉像，称为大佛寺。

　　古人开凿这窟弥勒大佛作了巧妙艺术处理，适度放大佛头，调整了视差关系，人们仰视大佛没有比例失调之感，佛颜显得亲近真实。再则以凿穴代替眼珠，使观瞻者不论什么角度仰视，觉得佛陀都注视着你。新昌大佛是南方迄今发现的雕凿年代最早的石窟造像，融天竺风格与本土文化于一体，展现出南朝士大夫的信仰与思辨精神世界，是江南早期大型石窟造像的代表作，也是中国佛教石窟艺术东南传播的终点。

上图：北魏中心柱佛窟
　　　义县万佛堂第 1 号窟
　　　2018.9.
下图：北魏千佛造像
　　　义县万佛堂第 5 号窟
　　　2018.9.

万佛堂石窟

- 5 世纪末
- 辽宁省义县大凌河北岸
- 全国重点文物保护单位

　　大凌河北岸的万佛堂石窟，距义县县城 9 公里，共有大小石窟 16 个。西区 9 窟，开凿于北魏太和二十三年（499），系平东将军营州刺史元景为祈福禳灾所建；东区 7 窟，建于北魏景明三年（502），是尉喻契丹使韩贞等人为祈福开凿的私窟。

　　万佛堂石窟多风化，保存较完整的仅西区第 1 窟，也是这里最大的一窟。窟前有后世建造的窟檐，正面辟窟门，上方为"万佛堂"篆字门额，窟门两侧天王像已风化，仅西侧尚存残形。平顶方形窟高约 5 米，窟中凿方形中心塔柱，上连藻井。中心柱四面开龛，每面凿两层佛龛，布局为北朝通常之龛形，龛中佛像、供养人像及侍者密布雕刻，山形纹中还雕有化生童子。窟内东西北三面也依壁开龛，每面各雕 3 尊佛像。遗憾的是，窟内造像多为后世补造，仅窟顶的飞天、窟壁的千佛，是典型的北魏中期造像，却在近代被妆彩描金。

　　第 5 窟的魏碑题刻，乃是平东将军元景手迹，是中国东北唯一幸存的魏碑，被清末梁启超和康有为评为"元魏诸碑之极品"。第 6 窟依山崖开凿雕刻的交脚弥勒像，高 3.5 米，倚坐在高 1.2 米的莲台上，是万佛堂最大的一尊石窟造像。可惜莲台已毁，此为后世所建水泥台基。

　　万佛堂石窟是东北年代最早规模最大的石窟群，也是东北唯一的石窟造像群。窟内的壁画中有大量古代少数民族的生活情景，具有很高的历史价值与艺术价值。

巩县石窟

- 6~12世纪
- 河南省巩义市郊大力山
- 全国重点文物保护单位

河南境内黄河南岸的巩义市其实是一片比较平缓的黄土地，少见石头，但城外却有一座大力山孤峰突起。大力山一改邙山缺石之态，山脚下露出一片刀削斧劈似的岩石，巩县石窟就开凿在这石壁上。

始建于北魏熙平二年（517）的巩县石窟寺，原名希玄寺，宋代为十方净土寺，清代改今名。自东、西魏，北齐、隋、唐至宋，相继在此凿窟造像，现存佛窟除第5窟外，其余4个都是方形中心柱窟，共256龛，7743尊造像和数十篇题记。造像面貌方圆、宁静疏朗。除飞天还保留长面高鼻、眼眶深陷的特点外，其余造像已难见北魏早期佛像的深目高鼻、秀骨清像，造像风格逐渐融合中原汉文化而演进。

第1窟是高、宽均为6米的正方形洞窟，四壁上部精细刻有富于变化的千佛，石窟正中为顶天立地的中心柱，方柱四面凿有佛龛，龛内雕一佛二弟子二菩萨，佛像背光火焰纹象征光明。可惜龛内佛头损毁较多，幸好窟门两侧千佛龛下，三层浮雕"帝后礼佛图"保存完好，雕刻刀法圆熟，造型逼真，在我国石窟艺术中保存这么完好的长卷非常少见。

北魏中心柱佛窟　巩县石窟第 1 窟　2016.3.

013

庆阳北石窟寺

- 6~9 世纪
- 甘肃省庆阳市西峰区
- 全国重点文物保护单位

  庆阳市蒲河、茹河交汇的覆钟山麓红砂岩上的北石窟寺，北魏泾州刺史奚康生所开凿，是丝路北道上的重要佛窟。佛洞始创于北魏永平二年 (509)，经北魏、西魏、北周、隋、唐不断开凿，窟龛密集，形如蜂房。现存窟龛近 300 个，石雕和彩塑造像 2429 尊，碑碣 8 通。

  北石窟寺最壮观最精彩的第 165 窟，名为"佛洞"，乃当年奚康生出资所开。窟内以高达 8 米的七佛造像为主体，配以胁侍菩萨、交脚弥勒及骑象菩萨和阿修罗天，窟顶西坡浮雕本生故事，四壁浅浮雕飞天、伎乐人。七佛造像威严、古朴敦厚，整窟气势恢宏、结构完整，以如此大的规模表现七佛题材，实属罕见。窟门两侧分立通高 5.8 米的天王把门，皮盔铠甲，怒目横眉，威武雄健之气震慑人魂。

上图：第 165 窟是北石窟寺最壮观最精彩的佛窟　2015.12.

下图：第 165 窟的窟门和两旁高大的力士　2015.12.

57 岁的文管员赵天成每天都会到第 11 号石窟外巡视　2015.12.

石栱寺石窟

- 6 世纪
- 甘肃省华亭县上关乡半川村
- 全国重点文物保护单位

　　华亭县 11 公里外半川村的石栱寺，于北魏延昌元年（512）开凿在陇东险峻的关山下。1400 多年后，沙质石崖上的北魏佛窟，仅存窟龛 14 个，雕像百尊。石栱寺最大的 2 号窟，隐秘相连 6 号、8 号窟，是僧人静修的绝佳所在，为石窟史上罕见的葡萄式联体窟。冬日暖阳倾洒进 11 号窟里，这里有石栱寺保存最好也最精美的雕像，顶部有四组飘逸生动的飞天，似仙女从天而降，两壁一佛二菩萨、供养人造像精美，衣纹流畅，表情端庄含情。

　　石栱寺最大的一次悲剧，是在清代同治五年（1866）前后，西北回族反清起义时。当地百姓为避战乱，拖家带口云集石拱寺避难。义军放火烧寺，寺院成为废墟，避难百姓也被烧死，从此这里十村九无烟，至今石窟里还是黑乎乎的当年的烟熏之痕。

　　石窟外虽已安装监控，但半川村 57 岁的文管员赵天成仍然习惯不时在窟外巡视一番。因为邻村一青年曾经伙同几个毛贼用刀斧盗走 5 个精致的佛头，案件虽破，但国宝却留下永远的残缺和损伤。

石马寺石窟

- 6~9世纪
- 山西省昔阳县大寨镇石马村
- 全国重点文物保护单位

曾几何时，"农业学大寨"的标语火遍中国大地，石马寺就位于大寨的石马村境内。北魏永熙三年（534）开凿石窟后，这里由落鹰寺改名石佛寺，后传说李世民在此遇险被救，赐石马一对，故易名石马寺。石窟造像分布于三块巨石的七个崖面上，共有3个石窟、178个佛龛、1300多尊造像，佛像大者5米，小者5厘米。造像大多建造于北魏、北齐时代，其余为隋唐造像。魏、齐造像以佛像、菩萨、力士、供养人等为主，隋唐造像以阿弥陀佛、观音、十六罗汉等为主。

除了北魏到隋唐的佛窟造像，石窟的蜗牛式悬顶造型也是一绝。大殿后的石窟廊屋间，一面石壁为密集的石刻造像，另一面则是留了孔洞的土壁，壁上绘有一幅幅精美的明代壁画，土壁与摩崖石壁之顶，便是罕见的悬蜗卧顶。史料记载，窟顶修造于明代，为保护石窟造像不被风雨剥蚀，古人在5米高的石崖和土壁间，用均匀的砖石一层层起拱砌起，被建筑专家称为"中国古代建筑史的瑰宝"。

因"土改""文革"时，寺庙遭到严重破坏，佛像被毁，庙宇被拆。前些年，当地一个民营企业家与昔阳县政府合作，把废了几十年的断垣残壁修造出来，建成了一座儒、释、道三教合一的寺庙。

昔阳石马寺北魏石窟与罕见的明代悬蜗卧顶　2017.9.

文物保护人员在修复石窟裂缝 太原天龙山石窟 2015.7.

天龙山石窟

- 6~9 世纪
- 山西省太原市天龙山
- 全国重点文物保护单位

　　海拔 1700 米的天龙山，历史上曾为北齐皇帝高洋之父高欢的避暑地，山腰有东魏、北齐、隋、唐开凿的 24 个洞窟，现存石窟造像 1500 余尊。天龙山石窟最早是东魏大丞相高欢开凿的，其子高洋后开 3 窟，隋炀帝还是晋王时也曾开凿 1 窟。太原是唐太祖李渊的龙兴之地，因而天龙山在唐代开凿石窟达 15 窟之多。北齐石窟前仿木结构的前廊、廊雕、柱头、枋上斗栱石雕，是天龙山石窟特别之处，乃现存北齐时代罕见建筑实例。

　　痛心的是天龙山石窟造像大多没有佛头，自 1923 年始，天龙山石窟遭到疯狂盗凿，大批精品流失日本及欧美各国。近年来天龙山石窟加大保护力度，会同云冈石窟文物研究院，分析天龙山石质风化的病害机理，对风蚀、冻溶、剥落和酥碱等病害现象，采取科学措施维护，如对裂隙灌浆和铺设混凝土防渗层，杜绝雨雪渗水入洞窟。

唐代天龙山石窟菩萨残像
荷兰阿姆斯特丹国立博物馆藏，2014.6.

开河寺石窟

- 6 世纪
- 山西省阳泉市平定县岩会乡乱流村魁头山
- 全国重点文物保护单位

　　桃河水边的开河寺石窟，背靠魁斗山，开凿于东魏至隋初。进入开河寺，首先见到的便是依岩壁而建的一个古色坡檐，檐下匾额为"魏齐三龛"，里面的石窟均为四角攒尖顶，北朝流行的三壁三龛式。中窟开凿于东魏武定五年（547）七月，窟高 1.4 米，宽 1.2 米，深 1.15 米，八角门柱两侧各雕力士像，内雕一佛二菩萨像等数尊。左右两窟形制同中窟，凿于北齐皇建二年（561）与河清二年（563），开凿洞窟的发愿文也雕在石壁上，此 3 窟共有造像 88 尊。

　　西院的石窟高 5 米，宽 4.4 米，深 3.5 米，为北魏永平三年（510）开凿，隋开皇元年 (581)，雕凿一佛二弟子二菩萨造像，半跏趺坐之主佛高 4.63 米，佛两侧为弟子阿难和迦叶，再外侧为二胁侍菩萨。东院内存主佛像一尊，分立菩萨像各两尊。这里东、西两院的石窟造像早就遭到过破坏，被毁之因至今是迷，疑是唐代武宗或五代后周世宗的两次大规模灭佛运动所为。

　　开河寺现为尼姑庵，由两位女尼住持。烧香的赵婆婆 60 多岁了，打小就生长在这附近，家里的一儿一女在外打工，就剩下两老看家，她无事就往寺庙跑，说免得心慌。

　　虽然开河寺石窟规模和造像形体都不大，但所有石窟造像都有明确的开凿纪年题记，为研究东魏至北齐造像样式的演变及编年提供了珍贵的实物资料。

上图：赵婆婆打小生长在开河寺附近，经常来烧香为家人祈福　2017.9.

下图：开河寺大佛　2017.9.

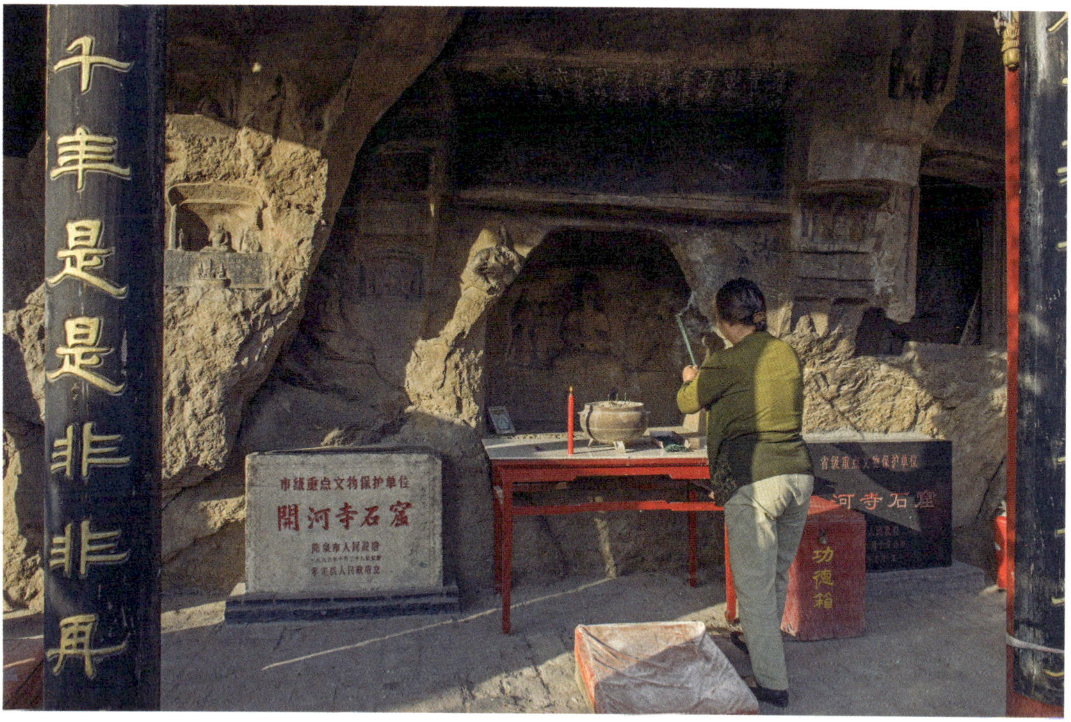
千年是是非非再
市级重点文物保护单位
開河寺石窟
功德箱

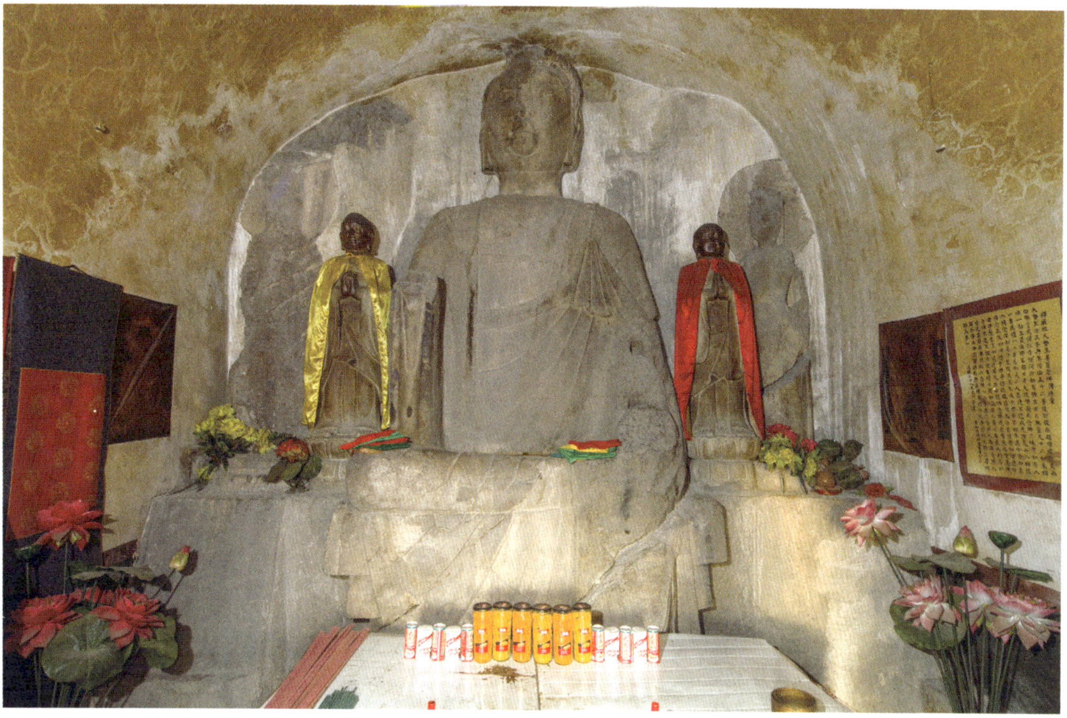

018

北响堂山石窟

- 6世纪
- 河北省邯郸市峰峰区和村
- 全国重点文物保护单位

　　开创于北齐的邯郸响堂山石窟是河北省最大的石窟，分相距15公里的南北两处，俗称南北响堂寺。地扼太行山东西交通要隘的鼓山，是来往北齐两个政治中心的必经之地，此地山清水秀，石质优良，将佛教奉为国教的北齐皇帝高洋便择此处凿窟建寺，营造官苑，作为他的避暑、礼佛之地。

　　北响堂石窟开凿在鼓山天宫峰西坡，有石窟9座，以第9窟大佛洞装饰华丽且规模最大，为响堂石窟最精美造像。第4窟释迦洞，窟深7.1米，宽7.8米，为中心方柱式塔庙窟，后窟方柱正中大龛雕一佛二弟子二菩萨。后窟入口间左右壁各雕一胁侍菩萨，璎珞帛衣，跣足立于仰莲台上，北齐繁华，止于此两身菩萨。遗憾的是，北响堂石窟造像佛头尽皆毁损，现今所见造像头部俱为后世所补。响堂山石窟雕刻的忍冬草纹、莲瓣流云纹图案非常多，尤其是源于古希腊经丝绸之路传入中国的忍冬草纹图案，是探寻风靡中国的忍冬草图案缘起的重要佐证。

上图：刻经洞窟　北响堂山第3窟　2016.3.
下图：释迦洞窟　北响堂山第4窟　2017.9.

019

南响堂山石窟

- 6世纪
- 河北省邯郸市峰峰区临水镇
- 全国重点文物保护单位

　　南响堂石窟在鼓山南麓临水镇，现存大小佛窟7个，最大1窟高4.9米，宽6.3米，内刻《大方广佛华严经》，故称华严洞。学界将响堂山的雕刻艺术誉为"北齐造像模式"。南北响堂山石窟造像摆脱了北魏以清癯瘦削为美的观念，转而崇尚丰满健壮之美，初显圆浑丰腴、朴实敦厚之态，具有北齐独特的审美艺术风格。

　　南响堂山保存最完整的是第7窟，其中仿木结构的石刻建筑元素，为罕见的北齐建筑形式。石窟前廊有仿木结构的雕花石柱，廊上是斗拱支撑的瓦檐，上端为一覆钵顶。前廊的入口两侧各有一尊力士，石窟里佛龛中的造像身躯都比较完整，只是大多没有佛头。主尊周围直到前壁上有一排排的千佛，窟顶浮雕莲花和众多的飞天伎乐，美轮美奂。

　　走出山门，见半山围墙外的山脚似有袅袅香火，到跟前，却看见这些北齐小佛龛和几位妇女。她们是附近磁州窑瓷厂的职工，由于环保原因，工厂外迁而下岗，便约着每天在附近锻炼，时常也到墙外没人管的野地来敬一敬菩萨。她们说，北响堂山已打造好了，南响堂也要动工，到时候这些佛龛也会围进墙里。

　　一年后再来，计划中的环境改造建设尚未全面展开，走进施工围栏，好不容易才找到这里，但已经难有人间烟火，荒草乱长，北齐佛龛前已是这般景象。

木结构前廊石窟
南响堂山第 7 窟
2016.3.

附近的百姓时常来
敬一敬普萨
2016.3.

一年后，这里已难存烟
火，荒草乱长
2017.9.

065

020

栖霞山千佛岩

- 5~15 世纪
- 江苏省南京市栖霞区栖霞山
- 全国重点文物保护单位

　　南京栖霞寺三面环山，北临长江，是中国南北朝时期的佛教中心。隋文帝杨坚命天下八十三州造舍利塔之诏，即以栖霞寺为首。隋代舍利石塔八角五级，高约 15 米，塔身须弥座各面浮雕释迦八相，较高的第 1 级塔身，各面雕刻文殊、普贤菩萨像及天王像等。隋塔历经千年风雨，虽有部分石檐毁坠，仍巍然屹立，为金陵佛事兴盛的见证。

　　千佛岩位于栖霞寺隋代舍利塔后边山崖上，从南朝齐永明二年至梁天监十年（484~511）开凿而成，有窟龛 294 个，造像 515 尊，但完好者不及半数。据传，佛窟因栖霞寺创建人僧绍梦见西岩壁上有如来佛光，便发愿在此开凿佛像。他病故后，其子仲纬继其志，在此续凿佛龛，镌刻了三尊佛像，即栖霞山佛窟建造时间最早、规模最大的无量殿，主尊无量寿佛高约 12 米，左右两侧侍立观音菩萨和大势至菩萨，高约 10 米。其后，齐梁两朝贵族竞相捐资开凿佛窟，唐、宋、元、明各代也相继开凿，连南朝在内，历代共有 700 尊造像。

　　因特殊的地理文化环境，南朝佛教造像多为面容清癯秀劲的秀骨清像，面容柔和，嘴角上弯似露微笑，褒衣博带，衣裙垂蔽而优雅端庄。但是，由于栖霞山的石质是易于风化的石英砂岩，许多雕像的眉眼五官等都已风化模糊后又经明代太监修复，使造像的艺术价值受损许多。1925 年，栖霞寺住持僧若舜等人，更将这些造像全部用水泥修缮一遍，并"施唇以朱，画眼以墨"，仅无量殿中的观音和大势至菩萨两尊造像幸免，使得千佛岩造像原貌尽失。

因石质为易于风化的石英砂岩，千佛岩许多雕像的眉眼五官都已模糊　2016.8.

上图：北周中心柱佛窟
　　　敦煌西千佛洞第 12 窟
　　　2015.12.
下图：五代佛与罗汉窟
　　　敦煌西千佛洞第 19 窟
　　　2015.12.

西千佛洞

- 4~10 世纪
- 甘肃省敦煌市党河岸
- 世界文化遗产 全国重点文物保护单位

　　敦煌西行阳关途中，跟着路旁不起眼的西千佛洞牌子，沿着戈壁路至 10 余米高的陡崖深壑边，就到了千佛洞。敦煌西千佛洞的开凿早于莫高窟，因隔着鸣沙山在莫高窟以西故称西千佛洞，原有洞窟 30 余个，早年受党河急流的冲击，砾岩崩塌，现仅存洞窟 16 个，除 9 个洞窟保存较好，其余洞窟大多坍塌或壁画剥蚀不清。

　　开凿于北周时期的西千佛洞第 12 窟，为这里常见的中心柱窟，柱南面圆拱龛内有民国时期重修塑像 3 尊，其余 3 面不开龛，分别于北周、盛唐和回鹘时期绘有说法图及千佛列像，此窟的"劳度叉斗圣变"壁画，是现存最早也是北朝时期唯一的此题材壁画。北周时期壁画皆以白壁为底，线描勾勒流畅，造型生动，色彩雅丽，人物肌肤略作晕染。窟室东壁前部人字披下，尚存外披红色田相袈裟的如来立像 1 尊，虽两臂残损，但扁平的肉髻，丰圆的面部及宽厚的肩部塑造，为典型的北周作品，遗憾的是，两旁协侍菩萨已不知所踪。

　　五代时期的第 19 窟，洞窟形制为独特的纵向圆拱形顶。正面开一大龛，龛内的主尊倚坐佛，乃西千佛洞保存最完整的 1 尊五代彩塑，佛像体态端庄肃穆、肌肤丰满圆润，颇有唐代造像之遗风。东西两壁筑像台，原有十六罗汉像，但现存仅十三身，是敦煌石窟中唯一用塑像形式表现的十六罗汉题材。此窟壁画为五代原作，正壁龛内绘有十大弟子、六菩萨、天龙八部和四大天王等题材。十六罗汉像上方，也绘罗汉壁画，以绘塑结合手法在一个洞窟中表现罗汉像，在敦煌石窟中实为少见，此窟又被专家称为罗汉堂。

拉梢寺、千佛洞

- 6~8 世纪
- 甘肃省武山县洛门镇钟楼山
- 全国重点文物保护单位

创建于北周的拉梢寺又叫大佛崖，因有北周时期高浮雕释迦大佛造像而闻名于世，乃中国最大的摩崖浮雕造像。相传，造像时工匠自崖脚积木至巅，完成雕塑后逐次拆木而下，故名拉梢寺。此地与水帘洞、千佛洞和显圣池 4 处古代石窟，组成丝绸之路古秦州地区重要的武山水帘洞石窟群。

大佛为北周明帝三年（559）秦州刺史、大都督尉迟回所建，其时社会动乱，生死无常，上至皇亲国戚，下至庶民百姓，纷纷开窟造像，乞求佛祖庇佑赐福。陡峭崖壁上石胎泥塑的浮雕大佛为释迦牟尼，身高近 40 米，两旁为手持莲花躬身赤足恭立的胁侍菩萨，大佛莲座的雕琢也精致奇巧，莲瓣间层刻有狮、鹿、象，对称排列，形象古朴生动。佛教故事中，它们是与佛有密切关系的灵性动物，或为佛的化身，与佛同在，表现佛的威仪仁慈和法力无边，同时也衬托佛祖的伟大。三排浮雕既有细节交代，又体现统一和谐，塑造手法吸收中国传统文化，既讲究对称美，又形象刻画了犍陀罗艺术的拙朴情趣。在一个鲜有游人的日子，踏雪来到钟楼山响河峡谷中的拉梢寺。寂静空山中，却在大佛崖遇见 3 个难得的游客，由天水市驾驶摩托车一路骑游的青年。

千佛洞在拉梢寺西北 1 公里的山谷中，因利用天然洞穴的崖壁悬塑千佛而得名，曾有北周摩崖悬塑 7 尊大立佛，又俗称"七佛沟"。千佛洞的窟龛自上而下分为两层：上层思惟菩萨等造像刚健淳厚，风格古朴；下部的佛、菩萨塑像丰盈清秀，显现北周风格又透出西魏遗风，是研究中国早期石窟艺术的宝贵资料。可惜千佛洞的泥塑几乎毁之殆尽。走下栈道，寒风中静静凝望崖壁上残存的彩塑和壁画，曾经千佛壁立的胜景，在脑海中萦绕想象。

寂静空山中，3位
青年一路骑游来到
拉梢寺大佛崖
2015.12.

千佛洞崖壁上残存
的彩塑和壁画似在
风中轻诉当年千佛
壁立的胜景
2015.12.

023

须弥山石窟

- 5~9 世纪
- 宁夏回族自治区固原市原州区黄铎堡镇石门关
- 全国重点文物保护单位

地处六盘山脉石门关之侧的固原须弥山石窟，在丝绸之路长安到西域最短的古道上，开创于北魏孝文帝太和年间 (477~499)，至北周和唐代达到兴盛。"须弥"是梵文宝山、妙高山之意，印度传说中的佛教名山，其所包含的"妙光""善积"的美意，寄托了漫漫丝路上无数苦旅之人的心愿。

历经 1500 多年的须弥山石窟，保存了北魏、西魏、北周、隋、唐造像 350 余尊，题记 33 则，壁画 7 处，分布在连绵 2 公里的 8 座鸿沟相隔的山峰上，各沟间以梯桥相连。北周石窟数量多、规模大，造像主要在圆光寺和相国寺，都为平面方形的中心塔柱式窟，塔柱每面各开一龛，洞窟四壁开龛，还有一壁三龛，龛形雕饰讲究，在须弥山石窟中占有突出的地位。较之北魏石窟，北周石窟的中心塔柱式小龛已难见，而以大龛及面相方圆、两肩宽厚、发髻低平的大型造像为多，极富厚重敦实之感。

第 51 窟是须弥山最大一窟，由前室、主室和左、右耳室组成，主室宽 13.5 米、高 10.6 米，后壁宝坛上一佛二菩萨 3 尊造像高达 6 米，装饰华丽，雄伟壮观，是中国现存北周造像中罕见的艺术杰作。

千年岁月中，由于自然与人为的因素，使须弥山石窟遭到很大的破坏。1920 年 12 月 16 日，造成近 29 万人死亡的里氏 8.5 级海原特大地震也使地处震区的须弥山石窟的不少窟室受到极大损毁。1958 年冬，这里修建寺子口水库，没有文物保护意识的工人，白天在须弥山砍树伐木，晚上就在石窟里面生火取暖，使得固原八景之一的"须弥松涛"毁于一旦，佛窟中的许多珍贵石窟造像也被熏黑，令人十分惋惜。

上图：圆光洞
　　　须弥山石窟第 45 窟
　　　2009.12.

下图：高 20.6 米的唐代弥勒大佛
　　　须弥山石窟第 5 窟
　　　2009.12.

北周中心柱佛窟　须弥山石窟第 51 窟　2009.12.

024

龙窝寺石窟

● 6 世纪
● 河北省石家庄市井陉县小龙窝村
● 省级文物保护单位

井陉县城微水西南 25 公里小龙窝村外，燕晋古驿道旁的石崖上，龙窝寺石窟即开凿于 307 国道前。《井陉县志》记载：曾有恶龙在村落盘踞，村民苦不堪言。一日一货郎勇士手执利剑斩恶龙。明隆庆年间普降大雨，村中山脚冲出枯骨数百斤，人们猜测乃当年所葬龙骨，就称为龙窝村，村寺即称为龙窝寺。传说龙窝寺始建于隋，依崖而建，借石壁作山墙，颇具规模。公元 618 年，隋炀帝被杀后，他的两个女儿沿古道东逃到井陉，曾在龙窝寺留宿百日。

龙窝寺原来规模不小，寺前两端各建有楼阁，阁下即为燕晋往来大道，主寺建于两阁间石崖处，为邑中名胜之一，至今仍可见石壁上凿出的尖形屋顶痕迹及固定木檩的石洞。扩建石太公路及"文革"中寺院被拆毁无存，仅余崖壁上的摩崖石刻，有石雕佛像与石刻题记两部分。佛像均雕于崖上弧顶 14 个石龛中，大小 47 尊，大者高约 1米，小者高约 0.3 米，均为高浮雕形式。佛像结跏趺坐于莲座上，面部端庄，身披贴身薄袈裟，衣着朴实。但造型比例欠准确，也不甚精美，唯有左壁上部龛中的菩萨造像为此中稍好者，其头戴宝冠，身饰璎珞，呈自在菩萨形象。

2010 年 7 月的一天半夜，家住石窟附近的王先生听到汽车发动机的不平常声音，忙起身往外观察。见一辆前后号牌都遮挡的面包车在 307 国道上走走停停，以为是偷车贼。接电话报警的派出所民警对该车进行检查询问，车上 6 人均说是要到山西打工，却对随车携带的切割机、冲击钻及大量绳索的用途不能自圆其说。民警检查几人手机，发现一手机里有许多石刻佛像照片，因此意外抓获了欲盗取龙窝寺佛像的窃贼。

龙窝寺早已荡然无存，仅余崖壁上的摩崖石刻　2017.9.

唐代释迦说法龛
梓潼县卧龙山千佛崖
2014.4.

第三章

隋 唐

步步生莲花

隋唐因对多元文化的兼容并蓄，

社会思想开放，文化艺术得到高度发展，石窟艺术日趋成熟，

佛教造像开始呈现出典型的理想化和自我发展，

迎来中国佛窟造像艺术的巅峰。

隋文帝杨坚开国后，于开皇元年（581）下诏恢复被北周武帝废掉的佛寺，修复旧像 1588000 多躯，后隋炀帝杨广亦有修建。北朝许多著名石窟，如敦煌莫高窟、洛阳龙门石窟、邯郸响堂山、天水麦积山等继续开窟造像，太原天龙山、安阳灵泉寺、济南玉函山、青州驼山、云门山也相继开凿，莫高窟则成为隋代造像最集中之处。

中国历代佛法兴盛时期，如北朝和唐代，都是石窟造像空前发展的时期。但佛教昌盛的隋代，石窟数量却不多，这与隋代推行的佛教政策和治国方略有极大的关系。北周时期的"禁佛令"给佛教沉重打击，所以，隋文帝的佛教政策以恢复佛教体系为主，以行政命令在全国恢复发展寺庙、僧人和佛经，先后三次下诏在全国 110 多个州建造舍利塔。隋文帝并没有倡导石窟造像，是因为当时百废待兴，有限的财政收入不允许大规模地开窟造像。同时，隋文帝素以"节俭"著称，大量钱财来开窟造像不符其个性。其后隋炀帝倡导佛法，也仅把佛教作为其政绩的筹码，并无意石窟开凿。地方官吏和百姓也就极少参与石窟开凿，把精力和钱财都花费在修建寺庙和修复经文上，造成隋代石窟开凿不多的现象。就龙门石窟为例，隋代开凿造像也仅 3 例。

隋代造像承袭北周风格比较明显，或许与隋和北周都建都长安有关。这个时期造像的类型特征更加明显，除了佛、菩萨像外，还常出现迦叶、阿难两弟子和足踏地鬼的天王像以及赤膊露脐的力士像。因佛龛加深，壁面趋于垂直，佛像可以端坐，不必像北朝佛像那样倾身而坐，菩萨多头戴花冠或发髻冠，佩戴璎珞。佛像的形象保留了北齐、北周造像的特点，广额丰颐，头部渐长，颈下有蚕纹。造像身躯厚重，上身过长、下肢过短，身体比例略显失调，造型动作稍显僵硬。但是，造像衣纹真实、神采焕发的时代特征渐渐显现出来，开启了光彩夺目的唐代造像的先河。

唐代开国以后，由太宗到玄宗的一个世纪中，开疆拓土，使农业和商业经济都得到了空前的兴盛。"海纳百川，有容乃大"，大唐帝国敞开博大的胸襟，对世界多元文化兼容并蓄，社会思想开放意识蓬勃向上，文化艺术得到高度的繁荣发展。在对历代石窟优秀雕塑造像继承的基础上，唐代开元（713~741）、天宝时代（742~756）达到了顶峰，佛教造像开始呈现出典型的理想化和自我发展阶段。唐代由于大规模的石窟开凿，出现了内容丰富、技巧成熟的佛窟造像，面相方圆适度，广额丰颐，形象丰腴健壮，比例适度，神态端庄优美，体现了中华民族处于上升时期的自信、乐观的精神风貌，造就了这时期圆满无碍的佛教造像艺术。许多作品具有里程碑式的意义，如龙门石窟奉天寺中诸像的雕刻，手法娴熟、技艺精炼，是唐代石刻艺术中难得的代表作品，在雕塑艺术发展史上具有重大意义，标志着中国佛窟造像成熟的民族风格的确立。石窟造像在唐代达到了全盛时期，迎来了中国佛窟造像艺术的巅峰。

025

麦积山石窟

- 4~18世纪
- 甘肃省天水市麦积区麦积山
- 世界文化遗产　全国重点文物保护单位

　　麦积山是秦岭山脉的一座孤峰，因形似麦垛而得名。自十六国后秦（384~417）开凿佛窟，大兴于北魏时期，经历代不断修葺扩建，麦积山石窟至隋代建成并完整保留至今。佛窟大多凌空凿于20~70米高的悬崖峭壁上，有崖阁、摩崖龛、栈道。据载，当年为开凿石窟，工匠从山脚下堆积木材，达到高处后施工，营造一层便拆除一层木材，至今流传有"砍完南山柴，修起麦积崖"的民谣。

　　麦积山被誉为"东方雕塑馆"，现存窟龛221个，历朝雕塑造像10632尊，1300余平方米的壁画，以北朝的艺术水平最高，尤以其精美的泥塑艺术闻名世界。约唐开元二十二年（734），因为发生强烈地震，麦积山石窟的崖面中部塌毁，窟群分成东、西崖两个部分。东崖石窟以涅槃窟、千佛廊、散花楼上的七佛阁等著名，西崖则聚集万佛堂、天堂洞、121窟、127窟、165窟等精美洞窟为主。

　　东崖第13窟，是麦积山最大的造像"华严三圣"窟，主尊造像高15.8米，两侧菩萨高13米，隋代开凿宋代重修。1983年维修时，从主佛脸内发现手抄本《金光明经》一卷，又在眉心发现一个宋代定窑白瓷碗，碗底题记"宋绍兴二十七年甘谷工匠高振同"字样，得知南宋时，天水甘谷县一位名叫高振同的工匠曾维修此佛。

　　西崖的北魏147窟，面容清秀之释迦佛双目微垂，欲言含笑，宽大袈裟优雅散开，层层叠叠的裙裾如花瓣一般绽放于台基上。古属秦州的麦积山，作为古代交通的重要交汇点，既得益于中原文化的先机，又便捷从凉州传来的西域风，早期的北魏造像就深受云冈模式的影响。这尊造像中佛家超脱之美与道玄意趣流露并存，融合西域与中原文化，是承袭北魏秀骨清像风格的代表作。

隋代华严三圣　麦积山石窟第13窟　2015.12.

麦积山石窟第 147 窟　北魏释迦牟尼佛　将佛家超脱之美与道玄意趣流露并存　2015.12.

026

青州驼山石窟

- 6~7 世纪
- 山东省青州市郊驼山主峰
- 全国重点文物保护单位

　　驼山主峰东南崖壁上的驼山石窟，与附近同时代的青州云门山石窟一起，是中国东部保存最大、最完整的石窟群。驼山从北周至唐代开凿佛教石窟 6 窟，造像 638 尊。造像题材有西方三圣、释迦佛、千佛、观音菩萨和天王、力士、供养人。造像最大者通高 6 米，最小的不足 30 厘米，造型神态各异，雕凿技艺精湛。

　　第 2 窟为方形平顶隋代造像窟，窟高 4 米，宽 3 米，深 3.5 米，主尊阿弥陀佛，观音、大势至菩萨胁侍左右，是为"西方三圣"。佛座有："像主张小叉敬造""像主叉妻吕敬造""比丘尼光供养"无年号的题记。正壁及侧壁千佛密凿，窟门处凿二力士及供养人像。阿弥陀佛结跏趺坐，螺形发髻，面相圆润，外穿褒衣博带袈裟，袈裟尚有赭石色田相方格残留，手施无畏与愿印。两胁侍菩萨均戴雕刻精美的高冠，面带微笑，冠带垂至肩部，颈部戴连珠状的项链，披帛下垂胸腹间而后缠绕于臂上，璎珞下垂，长裙曳地。东壁有一奇特供养人像，着翻领窄袖长袍，腰系皮带，足蹬尖头皮靴，乃西域波斯人形象，是 1300 多年前经丝绸之路来此经贸文化交流的见证。

　　隋代仅存 37 年，在历史长河中不过短暂一瞬，于北朝与唐朝两个佛教造像高峰期之间，仅为过渡期的隋代造像实为难得，而驼山多数佛窟造像都是隋代开凿。文管员韩师傅打开每窟的双锁，让我得以欣赏拍摄这一窟窟的精彩造像，而韩师傅也不闲着，顺便清理人们从铁栅栏外往窟里供奉的香火钱。

　　提到青州，必然要说青州博物馆的国宝馆藏——龙兴寺遗址出土的北魏至北宋时期的佛教造像。1996 年 10 月，青州一所学校修建操场的工地上，青州佛像窖藏意外被开启。窖藏坑东西长 8.7 米，南北宽 6.8 米，坑内有规律地埋藏北魏、东魏、北齐至隋、唐及北宋时期的石灰石、汉白玉、花岗岩、陶、铁等各类材质的佛教造像 400 余尊，

青州驼山石窟第2窟隋代西方三圣与千佛是现存不多的隋代造像的代表　2018.9.

被列为当年中国十大考古发现之首，成为20世纪中国100项重大考古发现之一，轰动海内外，被西方学者誉为"一次改写东方艺术史的重大发现"。

　　公元500年前后，龙兴寺已是闻名于世的大寺院，然而香火繁盛800多年后，在公元1300年前后却奇怪消失了。窖藏佛像至今还是未解之谜：造像绝大多数被严重毁坏，但被毁的佛像残件在坑里仍然排放有序，按上中下三层放置；较完整的造像放在中部，残碎造像上用更大的造像残件覆盖；最上层个别造像的上面，发现有苇席留下的纹理，说明造像掩埋前曾特意用苇席覆盖。所以，大多研究者认为，这是有计划的掩埋行为，掩埋者可能是虔诚的佛教信徒。

北齐菩萨像　青州博物馆藏　2018.9.　　　北齐菩萨站立像　青州博物馆藏　2018.9.

　　从题材和雕刻技法上判定，这批造像大多数是中国历史上最动荡的南北朝时期，并且以北齐造像最多，有佛、弟子、菩萨、罗汉及飞天等多种题材，造像用浮雕、镂雕、贴金及彩绘等多种技法.许多佛像好像衣衫打湿一般，紧贴身体，躯体轮廓充分显现人体之美，在北方中原的同期造像中极为罕见，正如文献记载的"曹衣出水"，雕刻技艺高超，具有极高的艺术水平。

灵泉寺石刻

- 6~7 世纪
- 河南省安阳市善应镇南坪村
- 全国重点文物保护单位

灵泉寺位于距安阳市 25 公里的宝山，为东魏高僧道凭法师于东魏武定四年（546）修建。隋文帝于开皇十一年（591）封道凭的弟子灵泉寺主持灵裕法师为"国统"，掌管全国僧尼。"灵泉禅寺"匾额传为隋文帝御笔亲题，灵泉寺由此奠定"河朔第一古刹"的地位，至唐代成为北方佛教圣地。

开凿于东魏至唐宋的石刻窟龛共有 247 个，其中在宝山南麓断崖上，凿于开皇九年（589）的大住圣窟，为灵泉寺石窟造像的杰作。独特的拱券门开凿于南，窟门东西两侧深浮雕精美的那罗延神王和迦毗罗神王护法像，为中国最早的门神。窟为平面方形，高 2.6 米，长宽均为 3.4 米，窟顶刻莲花藻井，周围有 4 个飘逸的飞天，堪为此窟最精美的造像。窟内 3 壁拱券式壁龛内各雕刻弥勒、药师佛及阿弥陀佛造像，均结跏趺坐于须弥座上，各壁还有小坐佛、阴刻佛像及佛经等。窟内造像共计 42 尊，繁缛密致，雕刻入微。

已故考古学者宿白教授称灵泉寺为"宝山塔林"，寺院东西两侧和附近的宝山、岚峰山岩壁上，除遍刻石窟造像外，众多名僧浮雕石墓塔气势宏伟。除此之外，还有北齐著名高僧道凭法师墓塔，塔顶和塔刹均雕刻精美的浮雕纹饰，题记清晰："宝山寺大论师道凭法师烧身塔"，塔铭为"大齐河清二年（563）三月十七"。灵泉寺内的唐代九级双石塔，相距 9 米，高为 6 米，伎乐浮雕完整，具有极高的艺术价值。

上图： 隋代灵泉寺大住圣窟为灵泉寺石窟造像的杰作
2017.10.

下图左：灵泉寺内的唐代九级石塔　2017.10.

下图右：隋代大住圣窟的窟门刻有中国最早的门神
2017.10.

隋代开凿的释迦说法窟前是一片葱郁的菜地，让佛也有了一丝烟火气息　2011.7.

巴中西龛石窟

- 6~7 世纪
- 四川省巴中市西华山西龛寺
- 全国重点文物保护单位

巴中为古代南北交通要道"米仓道"的必经之处，南来北往的官吏商贾为祈愿求福，把中原开窟造像之风带到了巴中。西龛石窟在巴中西郊西华山，在几百米长的山间，沿西龛寺、龙日寺、流杯池开凿造像 59 龛，1900 余尊，题材主要为释迦牟尼佛、阿弥陀佛、菩提瑞像、一佛二弟子二菩萨、西方净土变、天王力士及天龙八部等。巴中石窟造像中，西龛开凿延续最长，从隋代大业年至民国初年的 1300 多年里，仅缺元代石刻造像。然而，即便很多巴中当地人也不知道西龛具体在哪里。

西龛寺也称佛爷湾。隋朝开凿的释迦说法窟前面的小块空地，文管员辜天喜和妻子开辟成菜地，丝瓜低垂，黄艳艳的丝瓜花静静开，一派葱郁。

这些年，西龛变化很大，文管所新修了围墙平整了地。2017 年辜天喜的女儿在浙江办了个小工厂，回来接在佛爷湾看护石刻十几年的父母到浙江，老辜就给文管所推荐了同在平梁乡福星村的张德秀来当了文管员。

皇泽寺石窟

- 5~17 世纪
- 四川省广元市利州区嘉陵江畔乌龙山
- 全国重点文物保护单位

　　嘉陵江西岸乌龙山麓的皇泽寺，与广元城和千佛崖隔江相望，是武则天的家庙。武则天的父亲武士彟于贞观年间（627~649）在此任利州都督。武则天建立武周政权后，重修已颇具规模的川主寺，取"皇恩浩荡，泽及故里"之意，改为"皇泽寺"。

　　巴蜀最早的石窟寺即广元千佛崖的三圣堂和皇泽寺的中心柱窟，且皇泽寺的大佛窟与千佛崖的北大佛窟是巴蜀最早的大佛造像。皇泽寺的崖壁上现存开凿于北魏至明清的6个石窟和摩崖造像41龛、1203尊，以及经幢和历代碑刻，江边第12、13号窟即是武则天父母出资开凿。

　　皇泽寺石窟年代最早的是第45号窟，开凿于北魏晚期，是巴蜀地区罕见的中心柱窟。方形窟门的窟室方正，平顶略弧，窟中央的方柱由窟底直通窟顶，第一二层四面各凿一小龛，龛中雕一佛二菩萨像。石窟西南北三面石壁各开一大龛及两小龛，造一佛二弟子二菩萨，龛外密布千佛，大龛佛像身躯颀长，菩萨面颐丰润，但初唐略有改雕。

　　开凿于隋代的第28窟乃大佛窟，马蹄形平面穹隆顶式的大龛内，开凿一佛二弟子二菩萨五尊立像，二力士威武把门，高浮雕的人形化天龙八部护法像于后壁。时为蜀王的杨秀奉诏回京，即嘱随行高僧善胄造此大佛，以祈福保平安。主尊阿弥陀佛高4.9米，左右两侧为弟子迦叶、阿难，外侧左右，是冠饰宝珠的大势至菩萨与冠饰化佛的观音菩萨。阿弥陀佛、大势至与观音菩萨合为"西方三圣"。

　　大佛窟整龛造像布局合理，气势恢宏，是皇泽寺石窟中规模最大、内容最丰富、雕刻技艺最精湛的洞窟，为研究巴蜀地区佛教的传播路线、造像题材和风格等，提供了翔实的资料。

上图：皇泽寺第 45 窟是巴蜀地区罕见的中心柱窟　2015.12.

下图：第 28 窟隋代大佛窟是皇泽寺石窟中规模最大、内容最丰富、雕刻技艺最精湛的洞窟　2018.5.

030

广元千佛崖

- 5~8 世纪
- 四川省广元市利州区千佛崖
- 全国重点文物保护单位

　　无论从北方的古代政治中心长安、洛阳来四川，或者由西来四川的丝绸之路、河西走廊，都要经过蜀道锁钥广元，所以广元是石窟艺术传入巴蜀的第一站。

　　嘉陵江边的千佛崖摩崖造像始于北魏时期，唐代达到鼎盛，在高 45 米、长 200 多米的峭壁上，密如蜂房般开凿窟龛造像，重叠交错 10 余层，咸丰四年碑文记述"全崖共造像一万七千有奇"。但因 1935 年修建川陕公路凿崖开路，千佛崖南段部分石窟被炸毁。现仅存石窟 873 个，造像 7000 余尊。

　　千佛崖以大云洞为中心，由此向两边山崖密集展开。大云古洞为方形平顶敞口窟，编号 512 号窟，是千佛崖规模最大的一个窟。共计造像 234 尊，左右两壁有 148 尊莲花观音像，窟内正中，仿中心柱式石壁前为弥勒站立像，传说是唐代武则天的化身像。大云洞的来历或源自《大云经》，经文记载有天女以女身做国王的故事。武则天觉得暗合己意，称自己是弥勒菩萨转世，给自己加尊号"慈氏越古金轮神圣皇帝"，从此各地出现很多大云寺院。

　　大云洞南侧第 513 号窟叫韦抗窟，是千佛崖题记最多的一窟，也是千佛崖开凿比较早的一个石窟。开元三年（715），剑南道按察使、银青光禄大夫、行益州大都督府长使韦抗，到任第二年开始开凿。以礼部尚书为首的一些中央官员和剑州、邛州、彭州等地的地方官员也倾囊相助。窟内设一佛二弟子二菩萨二力士二天王二供养人 11 尊造像，成就了这个著名的佛窟，是石窟开凿传播历史的重要见证。

　　窟中已千年，世间转瞬间。李白、韦抗曾经叹息无比的蜀道难，千佛崖旁嘉陵江边已随高速公路、高铁开通而彻底改变，只可惜了 80 多年前开凿川陕公路被炸毁的无数佛窟。

上图：大云古洞　千佛崖第 512 窟　2010.4.

下图：韦抗窟　千佛崖第 513 窟　2018.10.

唐代释迦牟尼大佛　天梯山石窟第 13 窟　2015.11.

天梯山石窟

- 5~9 世纪
- 甘肃省武威市凉州区中路乡天梯山
- 全国重点文物保护单位

　　黄羊河畔的天梯山陡峭峻拔，高入云霄，拾级而上，险如悬梯，故称天梯。天梯山石窟创建于北凉沮渠蒙逊时期，是我国早期石窟艺术的代表，在中国石窟艺术及佛教发展史上具有重要地位。开凿天梯山石窟的过程中，当地培养了许多能工巧匠和画师，孕育出石窟艺术的"凉州模式"。随着政治与佛教中心的东移，这些北凉工匠也先后来到如今的大同市，投身云冈石窟的开凿。因此，大梯山石窟的雕刻技艺和风格对后世的云冈石窟、龙门石窟等都产生了很大影响。

　　天梯山石窟第 13 窟也称大佛窟，唐代开凿造像后世又有修缮。主尊释迦如来坐佛高 28 米、宽 10 米，两侧站立迦叶、阿难二弟子，文殊、普贤二菩萨，多闻、广目二天王造像。窟内南北两壁残存彩绘壁画，为云纹青龙、大象经卷、猛虎花卉等纹样。

　　20 世纪 50 年代，因修建黄羊河水库，除大佛窟外，其余窟内 49 尊造像、100 多平方米的壁画，都搬迁至甘肃省博物馆保存。由于运输条件以及保护措施所限，这些文物受到不同程度的破坏。而后在省博的 40 多年中，又因馆舍改扩建，天梯山文物在搬运中，部分造像和壁画更是面目全非。2006 年，国家文物局要求将这批文物修复运回原址，这些文物才有了回家之日。

梓潼千佛崖

- 7 世纪
- 四川省梓潼县卧龙镇卧龙山
- 全国重点文物保护单位

梓潼城西 15 公里外的卧龙山，传诸葛亮曾赞美此山犹如南阳卧龙岗而得名。自初唐开凿石刻以来，梓潼千佛崖并无房舍，一直裸露在山上饱受风雨侵蚀，清末才建一座歇山式木构庙宇，将这墩大石罩于庙内。

千佛崖有 3 窟 40 余龛，大小佛像 368 尊。第 1 号窟外的石壁上存有唐贞观八年（634）造像碑记《阿弥陀佛并五十二菩萨传》，记述佛教东传的史实与造像缘起、造像人等。

千佛崖其实为一墩东、西长 5.5 米，南、北宽 5.2 米，高 3.2 米巨石，其四面壁上、东、西、北三面开凿 3 窟，南壁刻千佛造像千余尊，故名千佛崖。其中的释迦说法龛造像优美，雕工技法娴熟，色彩犹新，是唐代石窟艺术中的精品。为保护佛像，遮雨挡光的保护房通常大门紧锁，室内还加钢筋护栏严密保护。偶尔遇吉日，附近乡民来进香，才临时开门迎香客。

钢筋栅栏中的唐代释迦说法龛　2014.4.

033

龙门石窟

● 5~12 世纪
● 河南省洛阳市南郊
● 世界文化遗产　全国重点文物保护单位

　　龙门石窟开凿在洛阳南郊伊河两岸的龙门山与香山的山崖石壁上，自北魏孝文帝迁都洛阳（493）开凿，历经东魏、西魏、北齐、隋、唐、五代、宋代的大规模营造，延续 400 余年，凿成长达 1 公里的大型佛窟群，现存窟龛 2345 个，造像 10 万余尊，题记碑刻 2800 余品。其中"龙门二十品"是魏碑书法精华，褚遂良所书"伊阙佛龛之碑"，为初唐楷书艺术的典范。

　　西山的崖壁上有北朝和隋唐时期的大、中型石窟 50 多个，古阳洞、宾阳中洞、莲花洞、火烧洞等，为北魏时期的代表石窟；潜溪寺、万佛洞、惠简洞、奉先寺等乃唐代经典石窟。东山皆为唐代窟龛，有大小石窟 20 个，如看经寺洞、二莲花洞、高平郡王洞等。

　　开凿于公元 493 年的古阳洞，是龙门石窟开凿最早、内容最丰富、书法艺术最高的石窟。洞中有大小佛龛数百，雕凿十分华美，佛龛的龛楣和龛额丰富多彩，有莲瓣似尖拱，或屋形建构，或帷幔与流苏，并在龛楣上雕刻佛传故事。此洞是北魏皇室贵族发愿造像最集中之地，他们不惜花费巨资广植功德，因而留下书法遗珍——龙门二十品，其中古阳洞就占十九品。清末光绪年间道教在此兴起，道士见古阳洞无主，将北魏雕刻的释迦牟尼佛像改雕为太上老君神像。

　　宾阳中洞是北魏宣武帝为其父孝文帝做功德而建，开凿于公元 500 年，历经 24 年。马蹄形平面穹隆顶，顶中央雕刻重瓣莲花组成的莲花宝盖，四周有 8 个伎乐天和两个供养天人。因孝文帝迁都洛阳后实行汉化政策，故洞中主尊释迦牟尼造像一改云冈石窟偏袒右肩式袈裟，而着宽袍大袖袈裟。释迦佛面颊清瘦，体态修长，侍立二弟子、二菩萨皆文雅敦厚，含睇若笑。洞中前壁南北两侧自上而下，有 4 层精美浮雕，尤其是第 3 层的帝后礼佛图，刻画出宫廷礼佛的虔诚宁静，造型准确，雕刻精美，具有重

北魏迁都洛阳后推行汉化政策，宾阳中洞的释迦佛像也一改以往的偏袒右肩式袈裟，而着宽袍大袖袈裟　2016.3.

要的艺术和历史价值，但可惜上世纪三、四十年代被盗往国外，现在分别陈列在美国纽约大都会博物馆和堪萨斯州纳尔逊艺术博物馆。

　　龙门石窟中艺术水平最高、规模最大的是奉先寺卢舍那大佛窟，为南北宽 36 米、东西进深 40.7 米的露天窟龛，主尊卢舍那佛高 17.14 米、头高即 4 米，丰腴秀目，嘴角略翘，含笑不露，形象庄严雄伟又睿智慈祥。此窟于唐高宗咸亨三年（672）开凿，高宗皇帝亲审蓝本，以时年 25 岁的武则天形象雕刻，皇后武则天为此窟捐"脂粉钱二万贯"。

　　奉先寺造像是唐代典型的一佛、二弟子、二菩萨、二天王、二力士题材，大佛身后浮雕马蹄形的神光和宝珠形的头光，身光的火焰纹冉冉跃动，飞天飘然飞舞，轩昂之势的大佛又具悠然动感，成为中国石窟艺术的经典。斗转星移 1500 年，大佛双手和腿部以下，弟子迦叶的头部以及大佛右侧二力士，在早年地质层的裂隙结构和气温变化中不幸塌毁，其余造像基本完好。

唐代卢舍那大佛前，手持自拍杆与大佛留影的一家人　龙门石窟奉先寺　2016.3.

034

石空大佛寺

- 7～17世纪
- 宁夏回族自治区中宁县余丁乡金沙村
- 省级文物保护单位

　　安史之乱使西域沿河西走廊到长安的丝绸之路受阻，过黄河经中卫到武威的古灵州道的作用日渐突出，地处腾格里沙漠边缘古道上的中宁县双龙山石空大佛寺，便逐渐兴盛起来。开凿于唐代陡壁沙砾岩中的大佛寺石窟，分上、中、下3个石窟群，称为"三寺"，历经唐、宋、元、明、清，形成宏大的规模。因邻近沙漠，社会动荡中环境日益恶化，到清代石空大佛寺就消失在人们的视野之外。

　　大佛寺上寺和下寺部分洞窟，1981年经陆续发掘，深埋黄沙千百年的洞窟造像才重见天日。目前尚有中寺的九间无梁寺，仍掩埋在漫漫黄沙之下。驻足聆听，似乎鸣沙之下阵阵梵唱经久不息。在三寺的13个石窟中，万佛洞是规模较大的一窟。随着文管员秉烛小心进入。见正中佛龛上主尊释迦牟尼金碧坐像，两侧侍立菩萨却已无头，两壁和窟顶贴塑密集的神采各异的小佛像，可见古丝路灵州道上受多元文化的影响。

随文管员秉烛进入万佛洞，只见正中佛龛
上主尊释迦牟尼金碧坐像　2009.12.

035

查拉路甫石窟

- 7世纪
- 西藏自治区拉萨市城关区药王山
- 全国重点文物保护单位

　　布达拉宫附近西南方的药王山东麓，由松赞干布的藏妃茹雍主持，在公元 7 世纪 40 年代，即唐代早期，开凿出这座查拉路甫石窟。成书于 1564 年的《贤者喜宴》记载，王妃茹雍在查拉路甫雕刻大梵天等佛像，历 13 年完成。此窟为吐蕃王朝早期的石窟，有"吐蕃第一窟"之美誉。

　　查拉路甫石窟依山开凿，与大昭寺遥遥相对。支提式石窟洞口高约 2.56 米，宽 5 米左右，为平面不规则长方形窟，中心柱与洞壁之间有宽 1 米左右的转经廊。中心柱四面共有 14 尊造像，为石窟内较高大者，均为高浮雕造像。其中，东面一佛二弟子二菩萨 5 尊造像，释迦牟尼佛像高 1.28 米，有椭圆形头光，头戴塔式高冠，披袈裟、祖右肩，庄严肃穆。整窟共有造像 71 尊，除 2 尊为泥塑外，其余皆为石刻造像，分布于中心柱四面和石窟的南、西、北 3 面的石壁上。

　　造像大多出自尼泊尔工匠之手，主要分两类：释迦牟尼佛、三世佛、弟子、菩萨和金刚力士等；另为西藏历史上的著名人物，如文成公主、松赞干布、墀尊公主、禄东赞、吞弥桑布扎、莲花生像等。造像雕刻具有强烈的地方特色和浓厚的民族风格。窟内古老的石刻造像，不仅为西藏众多的摩崖造像、泥塑像、壁画、唐卡等提供了断代依据，而且极大丰富了我国的石窟艺术。

　　查拉路甫石窟几经兴衰后，1962 年，十世班禅确吉坚赞曾出资修复；1979 年，土登旺久又筹资进行了维修。喃喃诵经声又年复一年，从一个个镶嵌在峭壁岩石上的佛殿飘出，陡峭台阶的铁栏杆上，香客们将随身佩戴的金刚结、念珠、发卡等挂在崖壁上生长的树上，让其轻轻随风摇曳。

查拉路甫石窟为吐蕃王朝早期石窟，有"吐蕃第一窟"之美誉　2016.8.

036

睏佛寺石窟

- 7~9 世纪
- 四川省乐至县回澜镇马锣村
- 全国重点文物保护单位

乐至县 30 公里外马锣村山上的一间简陋大瓦房里，因有一尊身长 10 米的卧佛，称为睏佛寺。当地人称此尊卧佛为睏佛，即在床上被下睏觉之佛，乃卧佛、睡佛的不同之解。右胁而卧的大佛头长 2.1 米，双目微合似睁，呈安详宁静之态，身后静立弟子们和天龙八部。

睏佛看起来缺点古意，因历代居士香客的妆彩，已经原貌难觅，被光鲜刺眼的厚厚油漆所遮挡。乡间的供桌也很简单，两片布缦挂在竹竿上便是龛门，长条凳上放两包装着大米的米袋子，就成了跪拜的蒲团，如他们自己所说，不在形式在于心。

睏佛寺后山还有数窟典型的唐代摩崖石刻造像，题材都是唐代流行的释迦说法图、一佛二弟子二菩萨、弥勒佛等，但都风化较甚，还有个别窟龛被近人妆彩补塑。

瓦房外一间小屋是睏佛寺的厨房，文管员杨志明就在这里生火做饭，遇着初一、十五的会期，居士们进进出出这个厨房很热闹。灶台旁边有一个唐代旧龛，唐时流行的龛楣残存些许，龛门左右力士依稀可辨，然而，佛、菩萨已是百姓自己新塑，贴上金箔纸，刷点黄兰油漆，敬了块红布披上，就是乡民心中的神。佛龛终日在厨房烟熏火燎，佛像也算饱食人间烟火。

前几年，60 多岁的杨志明因患白血病去世，他的弟弟杨志勇又接任文管员，看护山上睏佛寺的古代石窟。家住马锣村川主庙五社的杨志勇和妻子康秀群还种有一亩田地，生活辛劳。为忙生计通常锁上庙门，平日里不时常在庙里，但在门上留下手机号，有人要进庙就打电话。如今，因为香客渐少，睏佛寺的厨房也荒废垮塌，灶台里已长出好多草。

上图：睏佛寺的厨房里早些年文管员杨志明就在这里生火做饭　2011.9.

下图：睏佛寺的厨房已荒废垮塌，灶台里已长出好多草　2018.5.

唐代释迦牟尼
涅槃图
乐至县睏佛寺
2011.9.

037

宜宾大佛沱

- 7~8 世纪
- 四川省宜宾市翠屏区旧州坝
- 市级文物保护单位

从宜宾旧州坝沿岷江上行 200 余米，坝首的悬崖石壁上有个高 5.4 米、宽 3.9 米的巨形石刻佛头。岷江未改道之前，滔滔江水至此回旋成沱，多有水患覆舟，唐人便在濒崖巨石上开凿弥勒佛像，以镇水患，此处即名"大佛沱"。

巨大的佛头造型简练，慈目低眉，雍容大度，矗立千年观岷江潮起潮落。旁边还有两处 10 余龛唐宋摩崖造像，释迦、诸菩萨、力士、供养人等，但因长年风雨侵蚀，风化严重，面容早已模糊，个别造像被居士用水泥修补，白晃晃的，很是刺眼。

这里的寺庙在 20 世纪 60 年代被拆了，后来宜宾市自来水厂就设在这里，便于取水。崖下茶棚子里有很大的老虎灶，堆放不少吃茶的桌椅，说是这里初一、十五烧香的居士很多。2017 年 6 月，有关部门担心影响自来水厂的水源，拆除了大佛头下的茶棚。

唐代佛首慈目低眉，矗立千年观岷江潮起潮落　2014.8.

上图：首届乐山大佛节高僧
　　　大德云集
　　　1994.5.

下图：俯瞰乐山大佛
　　　2018.5.

038

乐山大佛

- 8~9 世纪
- 四川省乐山市岷江东岸凌云寺
- 世界文化遗产 全国重点文物保护单位

耸立在乐山市岷江、青衣江、大渡河三江汇流处的凌云山，崖壁上有 1 座通高 71 米的唐代弥勒大佛坐像，古称嘉州凌云寺大弥勒石像，是当今世界最大的摩崖石刻造像。据载，唐时江水凶猛，常有船毁人亡的悲剧发生，海通禅师为减杀水势，普度众生，于唐开元初年（713）募资修凿，大佛至肩时海通去世，开凿中断。数年后，剑南西川节度使章仇兼琼捐赠俸金，海通的徒弟招工匠继续凿造大佛，大佛修到膝盖工程再度停工。40 年后，剑南西川节度使韦皋又捐俸金续建乐山大佛，经三代工匠的呕心沥血，于唐贞元十九年（803）历经 90 年终于完工。

乐山大佛头与山齐，头高 14.7 米、宽 10 米，发髻 1021 个，耳长 7 米，依山凿成临江危坐，神势肃穆，大气磅礴。大佛左右两侧沿江的崖壁上，还有两尊身高超过 16 米的护法天王像。大佛右侧有一条九曲古栈道，是唐代开凿大佛时留下的施工和礼佛山道，沿绝壁开凿而成，曲折九转，奇陡无比。大佛雕凿完成后，曾建有 7 层楼阁覆盖（另有 9 层或 13 层之说），时称"大佛阁""大像阁"。但佛阁屡建屡毁。1989 年以多种科技手段对乐山大佛做全身"透视"体检的时候，发现大佛龛窟右侧临江的悬崖峭壁上的巨大摩崖碑，即《嘉州凌云寺大弥勒石像记》碑。此碑高 6.6 米，宽 3.84 米，是研究乐山大佛现存唯一的直接文献。

1994 年 5 月 18 日乐山举行首届大佛节。开幕式设在凤洲岛拜佛台，以凌云大佛和巨型卧佛为背景，三江绿岛衬托出恢宏壮阔气势，梵音齐鸣，法度庄严，海内外高僧大德云集拜佛台。

大佛寺唐代弥勒大佛眼帘低垂，仪容温和端庄，衣褶流畅自然　2012.9.

039

阆中大佛寺

- 9 世纪
- 四川省阆中市大像山
- 全国重点文物保护单位

　　自古有"阆苑仙境"之誉的阆中古城，在环绕古城的嘉陵江对岸的大像山麓有座古老寺庙，俗称大佛寺。大像山与大佛寺，皆因一尊唐代开凿的弥勒大佛而得名。佛像内壁题刻于唐元和四年（809）的《东山大像精舍何居士记》，记载此佛为阆中人何居士所刻。他本住在大像山对岸的蟠龙山脚，因为遥望南岸石壁上隐约有祥瑞之像，便决然舍家弃业移居此地，亲手在崖壁雕凿 20 多年，其后造经舍、植林木，造就了这片竹林深幽的大像山。

　　阆中大佛高 9.88 米，面长近 3 米，眼帘低垂，仪容温和端庄，胸口袒露，衣褶流畅自然。左手覆膝，右手施无畏印，长约 2 米的赤足善跏趺坐于莲花上。大佛虽然不算太高，但因其整体保存完好，又有五代龙德元年（921）在大佛身后添刻的小佛而闻名于世，4000 余尊小佛均 10厘米高，排列整齐，雕刻精美。宋神宗元丰八年（1085），曾对大小佛像妆彩；元惠宗二年（1336）为大佛贴金身；但是民国年间佛身之金却被盗剥。佛寺阁楼历代也屡经沧桑，仅清代就一修一毁，如今的大佛阁楼是 1991 年重建。

　　大佛寺以每年农历二月初八的大觉会最为热闹。僧众通常半年前就开始准备，传说这天是大佛落成揭纱点睛的日子。其次，四月初八的佛诞日，腊月初八的佛祖成道日等，都是大佛寺的重要会期。

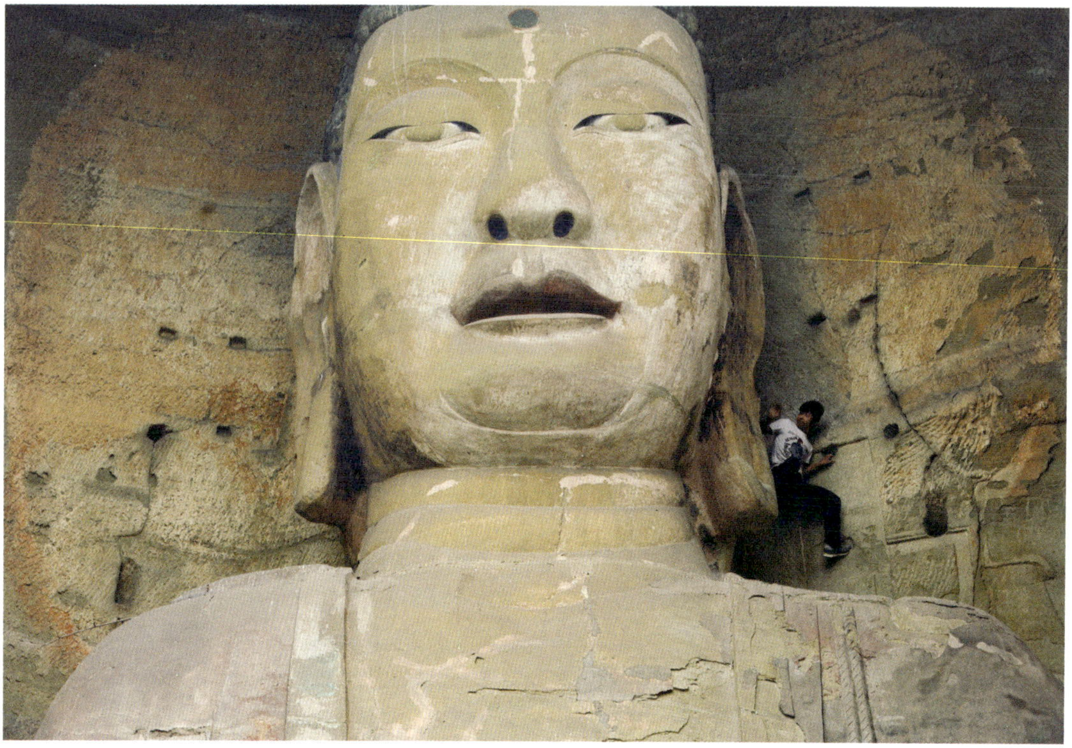

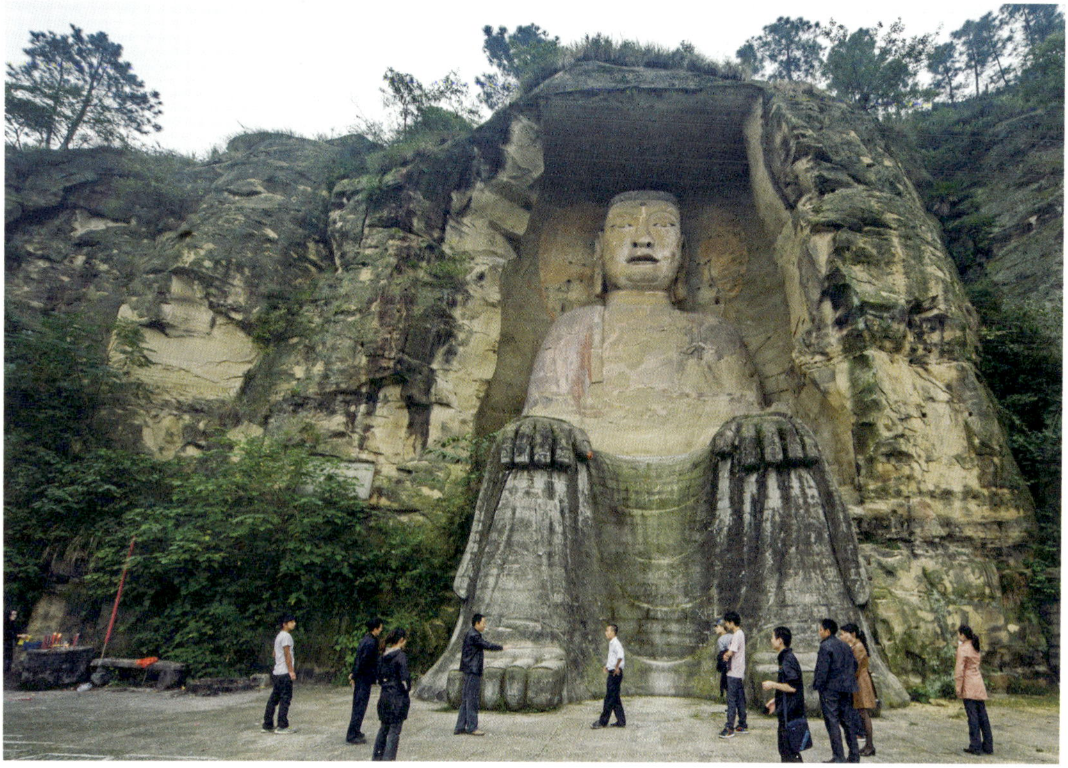

040

半月山大佛

- 8~12 世纪
- 四川省资阳市雁江区碑记镇
- 省级文物保护单位

半月山因山形似下弦月得名，唐代依山开凿弥勒大佛，名为半月山大佛。倚坐弥勒佛身高 22 米，胸宽 11 米，佛像面部丰润，双耳垂肩，表情安详恬静，古朴雄浑，从唐德宗贞元九年（793）始，历经 7 代人耗时 150 年，才在峭壁上凿成大佛雏形。至宋高宗绍兴元年（1131），川南居士梅修请石刻名师周义为大佛开眉凿目，精雕衣纹后才算竣工。"文革"期间，半月山大佛也被当作"四旧"来破，后山又遭开山取石，大佛损毁严重。

大佛面前的大佛寺先后曾被当作学校、乡政府，拆了建，建了拆，到 1977 年全部建筑被拆除干净，寺院庙堂荡然无存，寺内文物也散失殆尽。大佛脚下成一片杂乱的民居，那些图案精美的大庙柱础和香坛，成为农家拴牲口、装饲料和污水的器具。

打小生活在这里的少年，把大佛像当成玩具，互相挑战胆量，踩着建庙的凿孔三两下便由地面攀爬上 20 余米高的佛头，他们说，一只大佛耳朵藏几个人没有问题。

上图：打小生活在这里的少年，把攀登大佛像当成练胆的游戏　2011.9.
下图：半月山大佛寺已荡然无存，仅余大佛傲然矗立　2011.9.

荣县大佛寺

● 9世纪
● 四川省自贡市荣县城区大佛街
● 全国重点文物保护单位

大佛寺坐落在荣县东郊大佛山，大佛寺与寺中著名的摩崖弥勒大佛造像，均始于唐代。据康熙年间的《古今图书集成》记载："大佛山在城东一里，唐人刻大佛，与山齐"。北宋元丰八年（1085）至元佑七年（1092），僧人淳德募修，历时8年对大佛进行大规模的整修。

荣县大佛依山开凿在高约40米、宽约16米、深14米的敞口大龛内，头与山巅齐平。大佛通高36.67米，头长8.76米，肩宽12.67米，膝高12米，脚宽也有3.5米，仅次于乐山大佛，号称四川第二大佛。如今大佛前有阁楼遮盖，以免佛身遭风雨侵蚀，把大佛从肩部以下遮得严严实实，人们要入大佛楼内仰望才能看到大佛全貌。虽给瞻仰带来不便，却保护了佛体不受日晒雨淋。

大佛头饰螺髻，脸面略方而丰腴，眉间有白毫，鼻高唇厚，双耳垂肩，双足踏于座前两朵仰莲，善跏趺坐于金刚座上。双手平放膝上，右手抚膝，左手掌向上，掌握摩尼珠。细看佛面似残有金箔，嘴唇也有些许红色。民国年间，县长黄希濂看上荣县大佛贴的金箔，居然以整修大佛名义刮下金箔，替代的廉价金粉没多久自然就脱落了，大佛就这般满身伤痕了。

文革年间，红卫兵宣传队爬到大佛脸上写下一首革命打油诗："曲艺战士自贡来，脚踩大佛乐开怀。雄心壮志冲云天，东方红凯歌震山崖。"大佛肚子上还被他们凿了洞，要用炸药炸毁大佛，不知是受潮还是什么原因，火药引信闪几下就都灭了。他们觉得不妙，赶紧灰溜溜跑了，却留下了写在大佛脸上那首诗。

唐代弥勒大佛　荣县大佛寺　2014.4.

钓鱼城悬空卧佛

- 8~19世纪
- 重庆市合川区嘉陵江南岸
- 全国重点文物保护单位

　　钓鱼城因嘉陵江、涪江、渠江三面环绕，峭壁千寻，俨然雄关，古人便结寨筑城，依钓鱼山而得名。南宋时期长达36年的"钓鱼城保卫战"，使钓鱼城闻名中外。南宋宝祐六年（1258），蒙哥大汗的铁骑挟西征欧亚非40余国的雄威，兵分三路伐宋。蒙哥一路进犯四川，所向披靡。1259年2月兵临合川钓鱼城，却在钓鱼城主将王坚与副将张珏的顽强抵抗下，不能越雷池半步。几个月后，蒙哥被城上火炮击伤，逝于温泉寺。此战不仅是南宋王朝与蒙古大军的生死决战，更具有改变中国历史和世界历史的重大

钓鱼城唐代悬空卧佛全景　2015.3.

意义，钓鱼城因此被欧洲人称为"上帝折鞭处"。

钓鱼山唐宋时期即为合州的石佛道场，以佛教摩崖造像闻名，横卧在钓鱼山峭壁上的卧佛，为全国罕见的悬空卧佛。雕凿于晚唐时期的释迦牟尼涅槃圣迹图，以悬空的崖壁凿成，距地面近2米，身下为贯通整个崖壁的几米深的崖缝，故呈现出造像凭虚而卧的奇观，似乎佛祖渐渐升腾飘然而去，出神入化地表现出佛祖涅槃的盛景。卧佛身长11米，肩宽2.2米，双脚宽1.2米，头为高肉髻，着双领下垂袈裟，虚空侧卧，端庄慈祥，既有大刀阔斧，又有精雕细琢。卧佛头部上端的崖壁上，有宋代文学家王休题书的径尺雄劲大字"一卧千古"。

卧佛脚下有一眼古井，从崖缝中源源不断渗出的井水，曾是当年山上坚守抗元的南宋军民的生命之水。如今，善男信女在朝拜卧佛的同时，都要舀一碗，先喝一口，再洗洗手，人们相信这井水有灵气，能消除疲劳，洗去晦气。卧佛旁崖壁上还有唐代千佛崖、清代三圣岩造像。三圣岩造像是道光二十三年（1843）由护国、白塔两寺的住持和众门徒捐资刻造，中为阿弥陀佛，左右分坐观世音菩萨、大势至菩萨，即为西方三圣窟。

043

安岳卧佛院

- 8世纪
- 四川省安岳县八庙乡卧佛沟
- 全国重点文物保护单位

地处四川中部成渝古道上的安岳县，古称普州，安岳得名为安然于山岳。卧佛院摩崖造像始于唐开元十一年（723），沿卧佛沟860余米长，南北两侧高约20余米的红砂岩壁上，一侧开凿巨大的卧佛，另一侧就其山势高低错落凿有140余个窟龛造像，罕见的石刻佛经15窟。卧佛院早已灰飞烟灭，仅余卧佛沟山崖上1600多尊盛唐摩崖造像，依旧在千年古道旁，默默注视着过来去往的众生。古道新铺了石板，传统的农耕文化也渐渐消逝，路边的释迦佛，已经再难见耕牛从身旁悠悠走过。

这几年，当地文物局为减少佛窟日晒雨淋，已在卧佛沟佛窟外的山崖上，搭建起了一片片青瓦屋檐，在一定程度上缓解了石刻的受潮风化。

卧佛院最经典的造像，为唐代开元初开凿的释迦牟尼涅槃图。梵语涅槃，乃脱离生死轮回，是成佛的最高境界。此卧佛身长23米，头东脚西，左胁而卧，曲眉丰颐，双目微闭，给人以端庄安详之感。

佛经记载佛祖涅槃"北首右胁卧，双手累双足"。世间卧佛皆遵循佛经，唯独这窟涅槃图却依山取势、大胆创新，开凿成全国唯一的左胁卧涅槃图，为中国现存最早、最完整的全身卧佛造像。卧佛上方是一组释迦涅槃前最后说法的造像，释迦佛居中，左右分两层侍立九弟子、二菩萨和天龙八部，神态各异，烘托出恭聆的肃穆与佛法的威严。卧佛膝间禅坐一侍候状弟子，足踝处站立一护卫状力士，整窟构思巧妙，雕刻既工整精到又大气写意，展现出佛祖涅槃时超凡幻化的境界。

无数次来卧佛院，早先是包船，沿跑马滩水库行舟1小时才能到；后来通了简易黄泥路，由遂宁市东禅镇的乡村小道进入；再后来，由"村村通"驶入；而今，水库已建起大桥，不再绕道遂宁，可直接开车去朝卧佛。早些年去，这里插秧、收获、晒谷，

黄桷树下村民自发跳
着敬佛舞。
2009.7.

卧佛前一派和谐的乡
村田园景象
2009.10.

如今卧佛前建起了广
场，曾经的稻田成了荷
塘鱼池，人间烟火不
再　2014.12.

黄桷树下跳着敬佛舞，一阵阵的香烟缭绕在卧佛前的田野上空，一派和谐的乡村田园景象。自古以来，村民供奉佛祖，佛护佑忙碌的众生。

如今，再没有稻田炊烟，卧佛前面建起了大广场，四周修起了围墙，村民们都搬迁到围墙外面，稻田蓄水成了荷塘鱼池，人间烟火不再。

收获时节的卧佛院，香烟缭绕在唐代卧佛前稻田上空
2009.9.

044

飞仙阁石窟

- 7~18 世纪
- 四川省成都市蒲江县朝阳湖镇
- 全国重点文物保护单位

南方丝绸之路成都往雅安古道上的飞仙阁，建在二郎滩清流环绕为岛的小山上。自唐代永昌元年在山崖两面的红砂石崖壁上开凿造像，现存历代摩崖石窟造像 87 龛，其中唐代 68 龛，佛、菩萨、天王、力士、飞天等 500 多尊造像。这里还有数窟道教造像、佛道合龛，意在表达信众长生永乐、飞身成仙的愿望。

川流不息的蒲名公路边的 8 号窟，有飞仙阁最大的造像弥勒大佛。高达 5 米的弥勒坐佛，低平磨光肉髻，左手抚膝，右手横放腿上，质朴自然，肃穆庄严。此窟香火最旺，信众常不惧危险，在马路边跪拜菩萨。前几年，为交通安全和石窟保护，有关部门将大香炉移到了几百米外的地方。

相邻的 9 号龛是武周时期的"西方三圣"，主尊阿弥陀佛，其宝座刻金翅鸟、童子瑞兽。壁上高浮雕天龙八部护法神，整窟造像 38 尊，窟外两力士旁两尊胡人造像是亮点，其高鼻深目、髭须卷发，是典型的波斯人形象。此窟应为唐代来华经商的波斯商人捐资开凿，见证了丝绸之路与内地成都的密切关联。此窟载入了《中国美术全集》和美国《亚洲艺术档案》。但 2003 年元旦刚过，主尊阿弥陀佛与右侧菩萨的头部都被盗贼割去，千年宝相毁于一旦。

第 60 号龛是少有的菩提瑞像龛，是巴蜀地区年代最早的菩提瑞像。释迦牟尼佛戴宝冠，着偏衫袒右肩，臂戴宝钏，左右为二弟子二菩萨，龛门外两边刻疑为胡人的男女供养人，题刻："永昌六年（689）五月，为天皇（唐高宗）天后（武则天）敬造瑞像一龛。"瑞像乃唐代派人专程去印度临摹回来，一时中原竞相效仿，其后也传入四川。

20 世纪 70 年代，蒲江县建设长滩水库时，有人主张炸掉飞仙阁，取石块去建大坝。幸好在实施前，一位叫段毅的县领导力排众议，阻止了爆破。

上图：第 9 号龛唐代西方三圣窟，
左面为西域供养人。可惜 2003 年，
阿弥陀佛和左侧菩萨的头部被盗
走　2012.11.

下图：第 8 号窟是香火最旺的，信
众常跪在马路边朝拜弥勒大佛。
前几年，为安全起见，有关部门
将大香炉移到了几百米之外的地
方　2014.3.

045

内江圣水寺

- 7~9 世纪
- 四川省内江市市中区圣水寺
- 省级文物保护单位

内江沱江岸边的壕子口，唐代开窟建寺，宋代名为兴慈禅院，后因寺后山上有终年不涸的山泉水流出，水质清纯，视为灵泉，故更名为圣水寺。此寺因历史久远，古迹遍刹，辈出高僧大德，称为四川八大丛林之一。圣水寺有摩崖石刻造像 80 余龛，400 余尊，在后山 200 多米的黄砂岩石壁上星罗分布，大悲殿、涅槃殿中也有数量不等的佛窟，但殿内石刻，被涂上了鲜艳的油漆，唐代千手观音、地狱十王等造像，已难觅石刻造像本来面目。

寺庙僻静处有一小间地藏殿，民居式的小楼紧倚一个唐代释迦说法龛，虽风化斑驳严重，仍不失盛唐遗韵。杂树缠藤蔓，飘摇吊脚楼，80 多岁的居士婆婆罗宗通的喃喃诵经声，乃沧桑岁月的一个片段。

罗婆婆 90 高寿去世后，现在打理地藏殿的居士婆婆是 82 岁的张智善，简阳人，俗名张玉霞，曾在内江街道铸造厂工作，50 岁退休后即来圣水寺皈依，黄卷青灯中，罗婆婆栽下的小树慢慢长大，地藏殿山崖上的唐代佛龛依旧可闻经声朝夕不绝。

上图：居士婆婆罗宗通的喃喃诵经声，已成沧桑岁月的一个片段　2012.12.

下图：现打理地藏殿的是张婆婆，罗婆婆当年栽下的小树已有二层小楼高了　2018.5.

上图：欧淑英 80 大寿，居士们从四
　　　面八方赶来东林寺和她一起
　　　吃寿面沐佛光 2012.12.

下图：高楼林立下，脚手架中的
　　　唐代千手观音造像静静伫立
　　　2017.4.

内江东林寺

● 9 世纪
● 四川省内江市市中区河坝街
● 省级文物保护单位

内江东林寺始建于唐乾宁元年（894），南宋绍兴年又依崖结楼，建成雕梁画栋的寺宇，明代万历年遭焚毁，清代康乾年间又重建。寺后山崖雕凿有晚唐千手观音石刻造像，高 7.4 米，宽 7.16 米，40 只手分布左右，遵循千手观音仪轨：有双臂托佛，胸前合掌，也有下护双膝的，其余手中持各式法器，如串珠、宝莲、玉环、如意、金轮、钺斧、宝螺、金刚杵、杨柳枝等。千手观音善跏趺坐，戴花冠，饰璎珞，雕刻流畅精湛，形态端庄秀丽，且保存完好，实属罕见。

东林寺仅存一个大殿，为民国年歇山式屋面砖木结构。1941 年 8 月，日本侵略者轰炸内江，投下炸弹和燃烧弹使全城一片火海，东林寺也被烧毁，幸好千手观音造像毫发未损。1942 年，钧泰夏布庄主发起筹款，才修建成后来的大殿。1949 年后，东林寺改作皮鞋厂、冷冻厂和学校，千手观音掩藏于皮鞋厂墙壁内，躲过了"破四旧"的劫难。1984 年内江市佛教协会将东林寺收回修复，东林寺又晨钟暮鼓，经声不绝于耳。

欧淑英婆婆 80 岁大寿，到东林寺与菩萨和居士们一起度过，是她很早就起的心愿。这天，几十个居士从四方八面赶来，还有的天不亮从乡下出发，到东林寺里吃素斋寿面沐佛光。几年后再次前往，却见大殿已拆，千手观音一直封闭在脚手架和绿色安全网中，曾经香火袅绕、佛音阵阵的东林寺在一片杂草丛生的废墟中。

大足尖山子石刻

- 9世纪
- 重庆市大足区铁山镇建角村
- 市级文物保护单位

过去一直认为大足石刻是晚唐景福元年（892）在大足北山开始。1987年9月，几位文物普查人员在建角村尖山子石刻的"弥勒说法龛"龛外的崖壁上发现一方仅残存末行："永徽□年八月十一日"的纪年题记，才知道开凿于唐高宗年间（650~655）。尖山子石刻不仅是大足最早的造像，也是整个川东地区最早的石刻造像。

不大的尖山子，在长10多米的悬崖上雕刻着10龛造像，千百年的风雨侵蚀后，造像都存在不同程度的残损。造像题材有释迦说法、弥勒说法、阿弥陀佛五十菩萨瑞像等，从风格题材等来推断，基本在同一个时期。发现纪年的弥勒说法龛，是一个高、宽1米多的造像龛，正中端坐1尊弥勒佛像，双脚踏于莲花上，两侧站立二弟子、二菩萨、二天王，前方台下分别蜷伏两个石狮于佛像两侧。虽然多风化剥落，仍依稀可见昔日唐代风姿，这窟重要的造像龛被文物研究者编为尖山子第7号。

尖山子石刻的发现，将大足石刻的开凿年代提前了230多年
2011.3.

飞凤山药师岩石窟

- 9世纪
- 四川省大邑县斜源镇飞凤山
- 省级文物保护单位

　　成都大邑县山区的飞凤山，山势奇绝，杂花生树，自古盛产中药材，海拔780多米的药师岩之名，与当地满山遍野的野生中药材不无关系。开凿于唐开成二年（837）的药师岩石窟，在近8米高150米长的岩壁上，分上下两层开有佛窟15个，大小摩崖造像1000余尊。除主窟造像药师佛是唐代石窟外，仅有个别唐代的造像残存，其余造像较多为明清时代在原造像基础上改造妆塑。

　　药师岩造像题材丰富，有释迦牟尼佛、观音、罗汉造像及打虎、猎鱼等社会生活场景，也有北宋诗人苏轼、黄庭坚造像。莲座上释迦佛身上有许多年前上的彩，佛像妆彩一半时被文物部门叫停。这些年已经不让香客村民再给佛像妆彩。

　　2017年，薛三昭道长来药师岩开坛，如今庙里已由道士看护。几年前拍摄过的文管员陈忠和已经70多岁，身体不好，已难得上山。

莲座上释迦佛像身上的彩还是许多年前的，现在已经不让香客村民给佛像妆彩了

2018.5.

金华山石窟

- 7~8 世纪
- 四川省邛崃市平落镇金华山
- 市级文物保护单位

　　茶马古道上邛崃平落与夹关之间的金华山，自古佛教兴盛，民间文化与佛教文化在历史进程中融合，形成了独特的地方文化。金华山开凿有唐代大佛和唐代、五代时期几十余窟佛龛，因有中唐就香火鼎盛的天宫寺，所以金华山摩崖石窟，也称天宫寺石窟。

　　每年农历六月六朝山会，金华山热闹非凡，数万民众络绎不绝地踏着古道上山拜佛。这是当地百姓流传已久的传统习俗，届时，满山人海，香火鼎盛。香客人流只能在半山间匆忙烧了香蜡，立即被人潮推往山崖栈道，经过一个个佛龛去朝大佛。在大佛前挂红尽功德，成为川西坝子少有的民俗盛事。

　　千年古道旁，竹林大树间，唐代佛窟沐浴山野清风，静静伫立在面前的山崖石壁上，看四季轮回，不忘初心，默默地祝福来来往往的众生、古道上匆匆走过的过客。

朝山会的人潮涌过古道旁的唐代佛龛　2015.7.

阿吒寺摩崖造像

- 7~8 世纪
- 四川省洪雅县罗坝乡阿吒山
- 市级文物保护单位

　　青衣江边的罗坝古镇是告别成都平原，入雅安、康定进藏的古道最后一站的水码头，江对岸是唐代高僧悟达国师出生地。悟达乃五百罗汉第 117 位，称为悟达尊者。历史上这里佛教文化繁荣，晚唐时开凿的阿吒山石刻造像，恐与此不无关系。

　　古镇后面的阿吒山海拔 828 米，有 115 米高的阿吒瀑布，为宋代名臣田锡启蒙读书处，被宋真宗赐名"科甲名山"。阿吒寺摩崖造像分布于高 4.4 米、长 5.7 米、厚 3.5 米的巨大红砂岩上，一面镌刻大小罗汉像 108 尊，另一面有高镂空雕刻的华严三圣大龛，毗卢佛与文殊、普贤菩萨造像高约 1.6 米。看地上残留的柱础等不小的石构建，明清以前曾有建筑依势造殿将佛龛石盖住，为进香拜佛庙堂。2007 年 5 月，深山中的阿吒寺造像惨遭破坏，华严三圣的精美佛头被盗割。之后，文管所便用钢筋焊起密密的栅栏，保护荒野中的这些唐代造像，此乃不是办法的办法。

　　2018 年 3 月再次上山，深山小庙，香火飘曳，正赶上阿吒寺住持果祥法师带着居士们在元宵节前一天给古佛上香。山野中巨大的佛龛石已经建起了遮风挡雨的彩钢蓬，果祥师父说，是山下的四方信众集资，你 5 元我 10 元，凑了 2000 多元才请到工人运上山搭建起来，菩萨再不淋雨了。

上图：两面布满摩崖造像的大石包就在进入
阿吒寺的山路旁边　2014.2.
下图：阿吒寺住持果祥法师带着居士们在元宵
节前一天给古佛上香　2018.3.

051

水宁寺石窟

- 8~9 世纪
- 四川省巴中市巴州区清江镇
- 全国重点文物保护单位

　　水宁寺石窟开凿在一座约百米长的石壁上，排列出大小不等的 11 个佛窟，造像多为盛唐作品，少数为晚唐雕刻，数量不多，但都是精彩绝伦的罕见之作。水宁寺石窟并不对外开放，只对特批的研究人员打开。多年来一直看护这个石窟的 74 岁文管员王顺泰认真检查完文管所陪同人员的批文后，扛着木梯，登上一级级的石阶，拨开荒草，把我带到石壁佛龛下。崖壁上一个个绝美的佛窟，美得令人窒息。观音菩萨龛、释迦说法龛、释迦弥勒对坐龛……

　　第 1 号窟是初唐开凿的药师佛龛，窟龛高 2 米、宽 1.78 米、深 0.7 米。药师佛造像体态丰腴，慈容安详，左手托药钵于肩前，右手执锡杖于肩后；两旁日光、月光菩萨丰润多姿，头戴花蔓冠，妩媚含笑，璎珞满身；力士肌肉雄健，咬牙瞪眼。如今唐代石刻造像多已风化斑驳，而水宁寺佛窟造像，经历一千多年风雨却完好无损，正如敦煌研究院老院长段文杰老师的评语："水宁寺盛唐彩雕全国第一"。

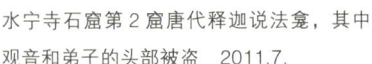

　　据了解，水宁寺的大庙毁于 1966 年"破四旧"。当时 60 多个壮劳力，整整拉了一个上午才把大佛拉倒。整块香樟木雕刻的大佛有 5 米高，菩萨的脚板上 3 个小娃儿可以坐上去歇凉，还有十八罗汉、二十四诸天等。水宁寺大庙拆毁后，建起了拖拉机厂，观音阁拆掉建了榨油房。

水宁寺石窟第 2 窟唐代释迦说法龛，其中
观音和弟子的头部被盗　2011.7.

水宁寺第 1 号初唐药师佛龛，王顺泰架着木梯认真察看　2011.7.

20 世纪 90 年代，水宁寺石窟还未建围墙，造像处于荒野中，2 号窟、3 号窟和 6 号窟共有 6 尊珍贵的佛像头部被盗，虽追回部分文物，但千年国宝再难复原。1999 年，这里终于建起保护围墙，有两名文管员加强水宁寺石窟的保护。

　　水宁寺石窟长期受风雨侵蚀等影响，佛窟风化严重，彩绘更存在剥落、酥碱、褪色等问题，目前，文物保护工作正在进行中。

052

重龙山石窟

- 8 世纪
- 四川省资中市
- 省级文物保护单位

资中古称资州，重龙山就坐落在这个历史文化名城中。重龙山摩崖石窟造像分布在君子泉和古北岩这两处岩壁间，开凿于唐建中四年（783），至宋代结束。君子泉崖壁上，有苏东坡书写的"唤鱼池"3个大字。重龙山现存160窟、1648尊唐代石刻造像，题材以观音、地藏、药师佛和净土信仰为主。石刻造像大小不一，密如蜂巢般分布在岩脚，

几个少年天天在重龙山石窟前习武　2011.3.

刻于陡峭岩壁上。

　　水滴顺着几龛佛像边缘缓缓落下，掉入岩壁下清澈的水塘，清脆的水滴声不时从一个个洞窟发出回响。受千年的风雨侵蚀，岩层风化剥落，几尊佛像的身躯、须弥座已荡然无存，还有的窟龛下边甚至齐整断裂。为保护石刻造像，文管部门沿着几十米山崖岩壁，围上了一圈坚固的钢筋栅栏。疏朗的间距便于人们观赏朝拜，百姓祈福的红布条挂满栏杆，一点红色一个心愿。

　　清晨，重龙山崖壁上几尊威武的毗沙门天王像前，几个少年天天在此练习武术。他们说，在威风凛凛的护法天王前习武感觉不同。

更多老年人也喜欢来这里锻炼身体，打太极拳　2018.5.

翔龙山石窟

- 7~8 世纪
- 四川省内江市市中区
- 全国重点文物保护单位

内江市区毗邻闹市的翔龙山，唐代开始凿佛教石窟，宋代傍崖接楼建资圣寺，自此香火鼎盛。凿在长 200 余米、高 9 米的崖壁上的翔龙山石窟，现存阿弥陀佛、如意轮观音、地藏、毗沙门天王等石窟造像 61 龛、368 尊，可谓大隐于市。

翔龙山千手观音气势恢宏，护法部众形象独特，是中国摩崖石窟的千手观音中难得的佳作。可惜"文革"期间，佛像被砸得七零八落。这窟高约 8 米的千手观音龛更是首当其冲，观音秀美的脸庞上千疮百孔，40 只持法器的手或残或断，四周簇拥的那些护法部众也残缺不全。

近年，文物部门修复了观音菩萨的面部和部分手臂，百姓依然在千手观音的残肢断臂上挂上重重的红布条祈愿。

百姓在千手观音的残肢断臂上挂上重重的红布条祈愿　2018.5.

杜家湾石刻

- 8世纪
- 四川省达州市万源市大沙乡鹰背场
- 市级文物保护单位

汉唐以来，中原经由汉中翻山到巴蜀的古道主要有3条：东为荔枝道，中为米仓道，西为金牛道。古道沿途留下了众多千年文化遗迹，保存了大量的唐、宋石窟。2014年四川省考古研究院组织巴蜀地区古道的申遗调查项目中，发现不少隐在深山里以前未知的古代佛教、道教石窟。2015年省考古院就组织两支石窟考察队，跋山涉水，徒步勘察，启动了"四川唐、宋时期散见石窟调查"。

散见石窟往往指全国或省级文保单位之外的石窟。因数量巨大且相对分散，一直缺乏相应的研究。在达州市的万源、宣汉等地，不少连文物点也不算的散见石窟，孤寂地立于田间地头。因数量大、等级低，不仅没有基本的安防设施，还因自然原因存在风化剥落等许多问题。2016年4月，四川省考古研究院和当地文物局组成的20多人的达州石窟考察队，历时45天，走访了达州各个区县，调查发现了9个唐、宋石窟点，完成考古绘图、摄影、拓工等一系列基础工作。

万源杜家湾石窟就是这次考察的意外发现。一窟风化严重的造像在山里一块坡地上静卧田间上千年，考察队员在佛龛崖壁外侧竟然发现了唐代题刻，如获至宝。石窟仅两平方米大小，窟内有一佛二弟子二菩萨二天王二力士造像，壁后还有天龙八部的题材，造像虽然多有风化，但唐代风韵犹存。其发愿文题记高0.35米、宽0.24米，仅可辨识落款："开元三年二月二十一日"（715）。这是达州地区发现的古代石窟最早的一方题记。

这片地的主人杜大哥刚收获了油菜籽，又点种了瓜秧。他从小生活在这个大石头的佛像边，在古佛旁边插好一根根的竹木竿子，想着瓜藤快点爬，盼着下一个收获。

杜大哥从小生活在佛像边，与佛像日日相伴，在佛像旁种瓜插秧　2017.5.

巨石上的主窟从中间整齐断裂，佛祖左侧的弟子、菩萨和力士只能无奈相望了　2017.5.

梭罗碥摩崖造像

- 9~10 世纪
- 四川省达州市渠县报恩乡梭罗寨
- 省级文物保护单位

　　大溪村梭罗寨距县城 60 公里，从南面绝壁上向北眺望，崖壁下是巴河，俗称梭罗碥。梭罗寨原有上庙、下庙和祠堂 3 组建筑，大石头上曾经盖有房屋，是过去老百姓躲避土匪的场所，如今杂树丛生，草与腰齐，乱石成堆，不见寨门。这是渠县唯一的唐代石窟造像，为佛教在川东北的传播路径及米仓道、荔枝道古道研究提供了珍贵资料，是荔枝道、米仓道上重要的文化遗存。

　　梭罗碥摩崖造像虽无题纪年款，但从形制特征、衣纹服饰、龛眉纹饰分析，当属唐代至北宋。巨石主窟从中整整齐齐地断裂成两块，据说是 20 世纪 80 年代初断开的。巨石若拼接起来，宽约 7 米，高约 3 米，厚约 4 米。石窟共有 4 龛，且有逐渐陷入淤泥之势。从中断为两半的主窟，为唐代典型的一佛二弟子二菩萨二力士，只是佛祖左侧的弟子、菩萨和力士，只能无奈相望了。主尊释迦牟尼佛跏坐须弥莲座上，面目清秀，头有螺髻，身着袈裟。两侧菩萨体态自然，璎珞满身。整窟除主尊佛像外，其余 6 尊皆为立像。这里 4 个窟龛中有两个观音龛，一龛是宋代的水月观音龛，另一龛即是不空羂索观音，观音着菩萨装，头戴高冠，半裸上身，璎珞呈工字垂挂，披帛缠肩绕臂，结跏趺坐于金刚座上，六只手臂分别持日、月、罐、剑等，有侍者立于两侧。

乌桥千佛岩

- 8~9 世纪
- 四川省达州市大竹县柏家乡乌桥村
- 省级文物保护单位

乌桥的摩崖造像位于大竹县北 30 余公里处，距石窟百米有残毁的古代玉皇观道教遗址。其实，此处石窟并没有所谓"千佛"题材，6 个窟龛造像中有 3 个龛像都有道教造像风格，是一处佛道共融的石窟。千佛岩开龛时代应在盛唐后期，共 6 龛 61 尊造像，分布在长 6 米、高 3 米崖壁上的松树林中。

打着雨伞在树林荆棘中，终于登上千佛岩，眼前的第 1 号窟造像就吸引住了我。此为一佛二弟子二菩萨和天龙八部造像，龛壁后的上部有六位跪拜伎乐天，内窟口两侧卧有双狮，窟外侧左右为夜叉托二力士。质朴丰韵的唐代伎乐天，曲臂支颐持乐器，弹琵琶、吹竹箫。龛顶高浮雕圆形莲蓬，龛楣以 4 层帷幔，以二方连续的团花、忍冬化妆饰。

2 号窟为方形平顶双层龛，内龛为方形龛口，弧壁平顶，底部三面设高台，台上造像向外凸起。内龛有 7 尊造像，为一佛二弟子二菩萨二力士，主尊佛像位于后壁高台上，有桃形头光、螺旋髻，身着双领交叉式袈裟，双手做说法状，结跏趺坐于仰莲台上。造像窟高 65 厘米、宽 24 厘米、厚 15 厘米。主佛两侧，菩萨两尊立于覆莲圆台上，头挽高髻，身着长裙披薄纱，双手合十于胸前。窟外壁所刻对联，仅存右边"此地观音金身现"和横批"慈航普度"，应该是近代所为。

旁边另外几龛，都有明显的道教元素或就是道龛。主尊两侧原本弟子的位置，成为戴高冠著道袍，足穿笏头履的道家人，应为道教供养。供养人唐代装束的特点明显，尤其圆胖面颊，高大绾髻。道教龛像有天尊、侍者，主尊造像虽仅具轮廓，但头部残痕与道冠相似，著 V 领道袍，坐于 3 层仰莲方座。可惜主尊造像经历"破四旧"损毁头部后，又因山野中风雨侵蚀，风化严重，若干年后恐化灭无存。

上图：乌桥千佛岩是一处佛道共融的石窟　2017.5.

下图：经千年岁月，历几次浩劫，造像已风化严重　2017.5.

牛角寨石窟

● 7~9 世纪
● 四川省仁寿县高家镇牛角寨
● 全国重点文物保护单位

四川省双流县与仁寿县交界的龙泉山脉的牛角寨，有唐代石窟造像 101 龛，唐人在其中 16 个大石包凿有 95 龛、1395 尊佛教造像，还有 6 龛、124 尊道教造像。

梭石坡是道教石刻集中的地方。大石包上开凿有牛角寨道教石窟的经典作"并列真人窟"，比肩真人的 35 尊人物造像分为前后两排，前女后男，诸真人身材苗条，头挽道髻，皆着道装。其余小龛同为唐代的佛龛，如旁边的 3 罗汉龛，顶上残存的一佛二弟子二菩萨龛等，成为佛道合一的见证。

2010 年，初来牛角寨石窟，时年 70 岁的文管员黄天健打开难得一开的铁门，满院青草萋萋，静静中一派佛瑞仙道之境，却又被跟来的黄天健孙女的小狗叫声打破。据他说，这石窟附近曾有户人家，瓦房失火烧光，全家搬到石窟边隔了两间房，住了十多年，所以石窟顶壁道士头上留下一层黑漆漆的烟灰。

为黄天健和孙女拍照片的时候，寺庙的释心月师父突然从道龛旁走入镜头，一切显得那么自然融洽。然而世事难料，2014 年黄天健家里修房子，懂事的孙女放学回家帮忙，却不幸触电身亡。眼见 11 岁的乖孙女离去，黄天健伤心病倒，第二年也离开人世。

黄天健去世以后，弟弟黄天明又当上文管员，和老伴曾淑华一边打理种满枇杷核桃的 5 亩山地，一边看护唐代石窟。黄天明还养着哥哥留下的那只小白狗。2018 年，再次来牛角寨石窟，黄天明叫上老伴，牵来那只小白狗，和庙里赶来的 80 岁释心月师父一起，在已经铺设石板的院子里留存了这张难得的照片。

上图：为文管员黄天健和孙女拍照时，寺里的释心月师父突然从道旁旁走入镜头，一切那么自然　2010.6.

下图：8 年后，黄天明继承已去世的哥哥的心愿，当了文管员，与老伴和已经 80 岁的释心月师父留下这张难得的
　　　照片　2018.5.

杀人槽摩崖造像

- 7~9 世纪
- 四川省眉山市仁寿县大化镇喜鹊村
- 县级文物保护单位

仁寿县历史悠久，始于蜀汉时代的武阳县，留下了大批唐代佛教石窟和摩崖造像，如牛角寨石窟、冒水大佛、能仁寺摩崖造像、两岔河摩崖造像、大佛沟摩崖造像等。除这些已经列入国保、省保的石刻造像外，仁寿县还有许多不知名的唐代石刻造像隐藏在广大的丘陵山区中，无人知晓。仁寿有雕琢石头的传统，1949 年以前，县内几乎每个乡都有寺庙，开凿石刻佛像和泥塑佛像十分普遍。

喜鹊村的杀人槽摩崖造像，是我在仁寿寻找佛窟造像时，路边停车吃饭得到的意外收获。沿着七拐八弯的狭窄土路，好不容易找到刘家山半山腰上的杀人槽，即见 3 块南北向平行分布的大石包，摩崖造像都开凿在东侧的最大一个石包上。大小窟龛共计 11 个，皆为中晚唐时期的造像，几个窟龛佛像已悉数不在，石壁上的新痕估计为前几年被盗。找远处养羊的人家借来长木梯，战战兢兢爬上去拍摄了造像细节形制。这里称为杀人槽，据说因明末时张献忠曾率部驻扎这里，杀人数千得名。

养羊人聊起山沟对面还有一处这样的石菩萨，当即前往。越野车在山上转了一个多小时，总算找到这个叫狮万寺的地方。这里的寺庙早已片瓦不存，但是附近却散落不少石刻造像，都在一个个大石包上。在一片唐代佛龛旁，附近的村民王志民正在养殖棚里忙着。其实他家已易地扶贫搬迁，住进了大化镇中心的华兴社区，但他住不习惯，又从山下的大化镇返回来，继续栽种果树，养殖鸡鹅。

上图：从一户村民家借来长木梯，战战兢兢爬上石窟拍摄造像细节形制　2018.5.
下图：唐代佛龛前，王大爷的鹅下蛋了　2018.5.

冲相寺石窟

- 8世纪
- 四川省广安市肖溪镇冲相寺
- 全国重点文物保护单位

走过渠江上远近闻名的水码头肖溪古镇，沿渠江边行几公里便是古老的冲相寺。与繁华肖溪镇若即若离的位置，正好成就了冲相寺后山那片佛国世界。叩门入寺，穿过庙堂，顺着高高的石阶登上往后山的坝子，顿见几通 10 余米高的砂岩石壁上密密麻麻地开凿了许多或大或小的佛龛，有 50 多龛，近千尊隋唐造像，与山体浑然相融，隐身在冲相寺后山的树林间。

这一窟规模较大的唐代七佛龛，旁边崖壁上的《大唐渠州始安县冲像寺十佛龛铭碑》刻记，此龛唐开元六年（718）开凿。皆已入火之七佛：毗婆尸佛、尸弃佛、毗舍浮佛、拘留孙佛、俱那含牟尼佛、迦叶佛、释迦牟尼佛次第并排，结跏趺坐于金刚座上，一坐千年。

然而，七佛龛口两旁肌肉饱满、青筋鼓胀的力士，也没能阻挡"文革"的冲击，七佛的头颅被悉数敲掉，连力士自己的头也荡然无存。如今，窟壁上那个时代残留的石灰标语"……命……""打倒四人帮"，与共同经历这难忘岁月的众生百姓，成为隔世的见证。

唐代七佛龛　广安市冲相寺　2011.3.

060

看灯山石窟

- 8~9 世纪
- 四川省雅安市名山区马岭乡看灯山
- 省级文物保护单位

　　名山、蒲江交界处海拔 845 米的看灯山，是南方丝绸之路和汉唐蒲江井盐运销雅安的必经之地。繁华古道上的看灯山石窟，屹立于一个长 50 米、高 15 米的红砂石巨崖上，唐代开凿有大小佛龛 63 龛，造像 600 余尊，大者高 3 米以上，小的 0.3 米，在川西算规模较大的一处摩崖石窟。

　　居于崖壁中心的第 6 龛规模最大，龛顶部为唐代流行的卷草纹饰重檐边，面积近 20 平方米，有北方石窟的风格。以释迦佛为中心，左右各 8 尊造像，主尊与二弟子、二菩萨、二侍从、二力上为圆雕，后层的天龙八部采用浮雕手法。

　　2004 年 8 月，村民们抓住两个盗割大佛头像的盗贼，好歹又把大佛头拼接装了上去，不料几年前，佛头又被歹徒偷走。质朴的村民不想让佛没有了头，无奈中村民只好用纸板画个佛头安上去。

崖壁中心的第 6 龛是看灯山石窟规模最大的 1 龛　2014.3.

061

丹棱刘嘴石窟

● 7~9 世纪
● 四川省丹棱县双桥镇刘嘴
● 全国重点文物保护单位

北宋元符三年（1100）丹棱县建有大雅堂，后毁于明末兵火，仅存大雅堂故里之名。处于通往名山的南方丝绸之路古道上的丹棱，往来不绝的行客，促进了文化商贸交流，佛教石窟也如火如荼在此生根发芽。时代变迁，南丝路衰落，古道废弃，保持着农耕文化的丹棱似乎也被世人所遗忘，曾经通衢大道旁的佛窟，早已门庭冷落。1984 年被人意外发现的唐代摩崖佛窟，虽距成都市区不足百公里，几百窟数千尊唐代造像，却在深山中雪藏百年。

丹棱的佛窟多属民间集资造像，以佛教造像为主，儒释道三教俱全。人们因地制宜，利用屋前地头的大小石包开凿佛窟，或一己之力，或几户集资，石窟造像不是皇室达官所为的中原风范，开始显现出世俗化和生活化。

踏着羊肠小道爬上山坡，顺着架在半空的引水槽，走到刘嘴村民龚国全几间瓦房的家。老龚是勤快人，又到自己的生姜地锄草忙开了。地头散布着几个红红绿绿的石包，青翠的绿色是不知多少年的青苔，土红的颜色乃蜀地常见的红砂石，上面大大小小地分布着几个小佛龛，是唐代常见的一佛二弟子二菩萨题材，没有惊艳，佛就这样来到民间。

刘嘴万佛寺石窟，散落在果林菜地边 10 余个石包上，当地人习惯称为大石包造像。刘嘴为小地名，唐代万佛寺兴旺时，应该不是这个俗名，但尘封千年，寺名不存。因捐资开窟的百姓家境的不同，这些石窟和造像大小不一，简繁俱有，上千年在地头经霜吸潮，再雨淋暴晒，低处的造像风化尤甚。

丘陵山区找块平地不易，这个天然平整的大石面，乡亲们便用作晒场。人们在众佛身旁晒种子、晒豆子，一派和谐自然之境。

这里最大一窟造像是第 6 龛，莲座上的释迦牟尼佛，造像大小如真人一般，雕刻简洁，

唐代释迦佛窟在一片柑橘林中 2011.5.

唐代释迦佛佛头被盗 2014.2.

破案后放在文管所库房的这尊释迦佛头 2014.2.

是刘嘴石窟中难得的精品。风中飘来淡淡的药味，村民背着喷雾器给自己的柑橘树喷药除虫，面前的佛祖闻着泥土味、花香与农药味，佛似到人间。

时隔三年再到刘嘴，柑橘树林已经砍掉，平整出的土地栽了梨花树，这里由省级文保单位晋级为全国文物保护单位。然而，国宝单位崭新的石碑才立上不久，刘嘴石窟最有代表性的释迦牟尼佛的佛头就被盗割了，释迦窟里空荡荡的佛身已没了头。

2011年12月中旬的一天，村民突然发现这龛释迦佛少了佛头，但没人说得清何时掉的，只记得那些天总是阴雨绵绵，有两晚雨很大，村里的狗狂吠不止。警方通过对刘嘴佛头被盗案循线追踪，破获了在四川猖狂作案的5个文物盗窃团伙。其后，在丹棱文管所库房，又见这尊如来佛头，眼望水泥天花板，躺在冰冷的水泥地上。

刘嘴村民龚国全家门外的大石包布满唐代佛龛 2010.8.

062

郑山石窟

- 7~8 世纪
- 四川省丹棱县双桥镇
- 全国重点文物保护单位

丹棱郑山在山沟深处，进去不易，尤其是 10 余公里的村道仅容一车通过，对面来辆摩托车都得小心避让，会车更是痛苦不堪。郑山虽称为山，其实是大片红土丘陵，本来并无高崖石壁开凿石窟，老天却降下几个大石包，使这方百姓结上佛缘。

郑山现存佛窟 68 龛、700 余尊造像，多为观音、西方净土变、一佛二弟子二菩萨、千佛等唐代典型题材，大大小小的窟龛密集地开凿在几个大石包上，这个大石包上就雕凿有近半数，最大 1 窟是这尊观音菩萨。

与附近几处石窟的遭遇一样，这里的佛头在"文革"期间被悉数敲掉，仅有一尊尊空荡荡的躯体残存。郑山曾有颇具规模的寺庙，曾在寺院遗址中发掘出一块《重修千佛寺院碑记》的残碑，记载唐代僧众在此设立密宗道场，在千佛寺、万佛寺开凿造像万余尊。

如今在遗址上建起一间简朴的小庙，亦名为千佛寺，由 50 多岁的普权师父在此住持，几位居士婆婆常年住在这里吃斋念佛，供奉菩萨。早年出家于峨眉山的普权师父，在这里看管石刻已十多年，这处国宝的文物保护站牌子就挂在千佛寺的门边。

上图：50 多岁的普权师父已经看管石刻十几年了，几位居士婆婆也常年在这里吃斋念佛　2010.8.

下图：居士婆婆在山坡上轻易就能挖到这样的野生鱼腥草　2011.5.

063

荣县古佛寺

● 9 世纪
● 四川省自贡市荣县西门凤栖山
● 市级文物保护单位

　　荣县西门外凤栖山山麓的旭水河畔，有一座千年古刹，因有一尊唐代石刻佛像得名古佛寺。古佛的造像与荣县大佛、二佛造型相近，皆为唐代盛行的弥勒佛。这尊佛高 5.6 米、肩宽 2.2 米、头长 1.1 米，体态匀称，法相庄严，乃唐宪宗开元年间（806）以旭水河一块天然巨石整体雕凿而成。"文革"期间寺院被占，殿堂损毁，弥勒佛头被打入寺前旭水河边浸泡数十载，一些妇女在河边洗衣服时甚至在佛头上捶打衣服。此后，寺庙因无人居住而破败不堪，残存的佛身也几乎被垃圾覆盖。

　　1992 年文管所将佛头打捞保管起来，2007 年果明法师及四众弟子筹资 4 万余元，从 3 家住户手中购回古佛寺大殿的房产权。果明法师从文管所请回了佛头，又耗资 20 余万元请工匠对唐代弥勒佛像全面修补、贴金。崭新的大殿落成后，朝拜的信众纷至沓来，佛座前香火日盛。

荣县古佛寺　唐代弥勒大佛　2014.4.

在这里长大的孩子们和这些石刻造像有天然的亲近感　2011.7.

龙泉天落石石窟

● 6~8 世纪
● 四川省成都市龙泉驿区山泉乡大佛村
● 全国重点文物保护单位

"汉置邮亭，唐设驿传"，成都郊外龙泉山中的龙泉驿，自古为重要驿站，是川渝经济文化往来的"汉唐巴蜀古道"要冲。古道旁凿有弥勒大佛寺，古称周文王庙，寺里却有更久远的宝贝，当地人称"天落石"的巨大红砂岩石。因那块石头不与四周山岩相连，且色泽突兀，仿佛从天而落而得名。这块长 14 米、宽 4.4 米、高 8 米的大石上，有在文史、书法界都赫赫有名的"北周文王碑"。

此碑刻于北周孝闵帝元年（557），是迄今长江流域发现的最早、保存最完好的南北朝碑刻。碑体高 2.24 米、宽 1.25 米，碑首为朱雀和浮雕小佛组成的图案，楷书阳刻碑额，阴刻小楷 1348 字的碑文，把北周奠基者宇文泰的生平功绩洋洋展现，文曰"大功烈当时而显扬千载者，非竹帛无以褒其训，非金石无以铭其德，是以汉颂……"

古碑的左下方有一个"毛"字。据文管员肖大爷说：1968 年 3 月一天，他正在山下劳动时，隐约听到有凿石声，跑上山一看，几个拿着凿子、锤子的红卫兵正要在古碑上凿字。肖大爷抄起扁担就打过去，红卫兵虽被撵跑，但却再无法抹去这个"毛"字。

这块天落石，自唐代开始，又陆续在上面开凿造像 50 余龛、160 多尊。最大一窟是资州刺史叱干公在中唐大历二年（767）开凿的佛道合龛，石壁上雕刻并坐的佛祖释迦牟尼和道教太上老君，释迦佛身后是弟子与胁侍观音，太上老君后面为一老一少两女子与持笏真人，均为典型的唐代发型和装束。

肖大爷在这里当文管员，守护国宝文物已经 40 多年，儿孙都在这里长大。他们从小就在石头上玩耍，和这些石刻造像有天然的亲近感。

夹江千佛岩

- 8~15世纪
- 四川省乐山市夹江县城西大观山
- 全国重点文物保护单位

　　千佛岩依山崖临青衣江开凿，现存摩崖窟龛162个，石刻造像2400多尊。崖壁镌刻有开元、咸通等纪年题记，造像形式大体分三类：一类以单个佛像为崇奉对象的造像，如弥勒佛、阿弥陀佛、观音和毗沙门天王；其二为经变故事造像，以图解形式表现佛教经典故事乃千佛岩造像的精华；其三是组合类的造像，如药师佛与日光、月光菩萨组成的东方三圣，弥勒佛之未来佛体系等。除此之外，也有各自隶属弟子、护法金刚与供养人的造像。净土变龛、弥勒坐佛龛、毗沙门天王龛、维摩变龛和观世音龛在此是较为突出的窟龛，其中百姓喜闻乐见的观音造像，有40余龛之多。

　　最大的一窟造像是弥勒佛龛，佛高2.7米，造型端庄，比例适度，与乐山大佛姿态神情颇为相似。两侧二胁侍菩萨服饰华美，衣纹流畅，整窟造像唐彩犹在，是夹江千佛岩保存最好1窟。弥勒佛窟对面临江的巨石，下部开凿有数10个小龛，上围石栏打成为拜佛台，终年香火不绝．

　　曾经，古道上马蹄声声、旅人匆匆，如今，千年古道依然是来往的要道，只是牵马的行者变成扛洋马白行车的路人。此处为铁石关，面江傍山的石壁上镌刻"古泾口"3个庄重古朴的大字，为明代张庭的题刻。不远处的岩洞有古碑一通，碑名为《重修千佛并灵泉记》，记载了2300多年前这条古道的思乡往事："昔秦惠王徙秦民万家居南安，忆泾水不得，饮此江流似焉，故名此为古泾口。"公元前316年，秦惠王灭蜀后，为巩固对新征服地域的统治，"移秦民万家实之"。实蜀秦民多来自泾水流域，秦都咸阳附近的居民，入蜀迁此后念念不忘故土，视此水如同秦地泾河之水，以"泾口"之名怀念家乡。

　　以千佛为名的地方很多，如千佛崖、千佛洞、千佛寨等，夹江千佛岩伴随古栈道、

唐代摩崖佛窟与古道 夹江县千佛岩 2010.8.

石板路的千年沧桑，在岁月剥离中艰难屹立。明代以前的两次塌方，曾经损毁部分佛像，"文革"时开山取石，更是生生地毁掉了1000余尊佛像。千佛岩能幸运遗存，历代也有不少保护措施；为减少风雨剥蚀使佛像表层脱落，宋、明两代曾多次建亭保护佛像；清代县令在千佛岩镌刻"禁止上下一带开厂打石，如违严究"的文物保护禁令；民国时期的胡疆容县长，为不损坏摩崖石刻造像，不惧艰险开山凿洞，让堰水沿岩脚穿山而过……

一直以来，修复那些几十年前被破坏的佛像是普定和尚的心愿　2011.3.

太蓬山石窟

- 8~9世纪
- 四川省营山县太蓬山透明岩
- 省级文物保护单位

　　营山县城几十公里外的太蓬山，自唐代就佛事兴盛。唐僖宗文德元年（888）创建普济寺，唐昭宗景福元年（892）在普济寺旧址兴建景福寺。据传，宋徽宗的生母陈才人乃蓬州人，来景福寺祈嗣降香后生下皇子赵佶，即继位后之徽宗。据营山旧志载，宋徽宗赐名景福寺为"景福禅院"。故自古人们认为太蓬山菩萨灵验，香火历来很旺，且有烧高香的习俗。

　　太蓬山现存中、晚唐以来的石窟造像104龛、1600余尊，主要开凿于半山腰峡谷中的透明岩。一个大雾弥漫的清晨，我攀山越岭来到太蓬山上，岩壁上满目疮痍，从残存在石壁上菩萨身躯的云肩、璎珞，龛楣上的佛帐纹、忍冬纹等精美雕饰，足见这些盛唐造像当年的精彩绝伦。但是，满山佛窟竟没有一尊完整的造像，仅留下一个个残缺的身躯。

　　景福寺的普定和尚懊悔地说，1967年，上百人响应"破四旧"的号召，用铁锤叮叮咚咚凿了整整两天，把山上的菩萨砸得支离破碎，他就是其中一员。世事难料，多年后，他上山削发为僧，成为终日陪伴佛像的普定和尚。如今他看见菩萨时常会羞愧，曾几次下山找过石匠，希望能修复佛像。虽然佛像残损严重，但他坚信自己的修心善愿。

　　2018年初夏再上透明岩，不巧普定师父去成都昭觉寺办事了，却在佛窟前遇到景福寺副寺广智师父。38岁的广智师父是安岳人，20岁在浙江五磊讲寺剃度出家。他说，文物局和庙里担心山崖垮塌，每逢腊月、正月和观音会期香火旺盛时，更是忧心，所以新建了钢筋混凝土柱子支撑，保护崖上这些残存的石刻。

067

剑川石宝山石窟

● 9~12 世纪
● 云南省大理白族自治州剑川县西南 25 公里
● 全国重点文物保护单位

剑川石宝山因山上红砂石成龟背状裂纹，如狮似象又像钟，故得石宝之名。开凿于 9 至 12 世纪的南诏（唐代）、大理国（宋代）时期的石宝山石窟，正值南诏国"政教合一"和大理国佛教盛行时期。石窟分布在石钟寺、沙登村、狮子关 3 处绵延 7 公里的地带，共 17 窟，造像 139 尊，碑碣 5 通，造像题记等 44 则。题材主要为两大类：一类是佛教题材，有佛、菩萨、天王、明王、罗汉、力士等；另一类是世俗题材，有南诏王、清平官、南亚僧等人物形象。壁上有南诏国"天启十一年七月廿五日"（841）及大理国"盛德四年"（1179）题记，为南诏国和大理国时期遗存的珍贵少数民族石窟。

佛教在南诏国和大理国时期传入云南，以密宗为主，石宝山石窟即有许多密宗造像，如石钟寺第 6 窟明王堂造像：正中一龛雕刻一佛二弟子，其余 4 龛，每龛并列 2 尊明王，共雕琢八大明王。窟外两侧还有二大王造像，此窟中雕刻出完备的八大明王，在中国石窟造像中是独一无二。造像以夸张的手法，雕琢出头戴宝冠、脸部扁平而怒目如铃的形象，有较明显的受西藏佛教艺术影响的痕迹。狮子关第 11 号窟的波斯人造像，10 号窟梵僧观音造像等，深目高鼻的形象和衣着服饰特征，都印证了南方丝绸之路的蜀身毒道与印度和西亚地区密切的宗教文化交往。

除佛教造像外，诸多表现白族先民原始崇拜及南诏、大理国历史内容的造像尤为特别。石钟寺第 8 窟，上层中 1 窟雕仰莲座，座上原有造像已毁损，残留部分似女性生殖器，在很长的时期里都是妇女为求子嗣而膜拜的对象，白族民间称"阿盎白"。白族是南诏国和大理国时期的主体民族，剑川石窟可视为白族雕刻艺术，手法采用圆雕和浮雕相结合的方式，背景运用线刻，造型生动，线条细腻。剑川石窟既和中原各地的石窟有一定的关联，但又具有浓厚地方民族的文化色彩。

上图：明王堂造像第 6 窟
　　　2012.3.

下图：剑川石宝山石窟
　　　2012.3.

068

桂林西山摩崖造像

● 7 世纪
● 广西壮族自治区桂林市区西山公园
● 省级文物保护单位

　　桂林西山一带山水幽胜，又与城市若即若离，自古是修行参禅的适意之地，也是桂林早期的佛教中心所在。始建于隋朝的西庆林寺，是桂林最古老的寺庙，曾名列南方五大禅林之一。唐代的鉴真，宋代米芾、范成大，明代徐霞客、袁崇焕，民国徐悲鸿、老舍等，都在这里留下足迹。

　　西山摩崖造像，分布在西峰、千山、龙头峰、立鱼峰、观音峰等处的山峰山坳，山崖间遍布摩崖造像。现存佛教造像 98 龛，242 尊，多为 1 龛 3 尊，也有 1 龛 5 尊、7 尊、11 尊者。造像最大者高 1.65 米，最小则仅 0.05 米。

　　观音峰的李实造像，乃唐调露元年（679）李实捐资凿造。佛窟为高 3.8 米、宽 2.6 米的天然石窟，利用窟中岩石雕刻的一佛二菩萨造像。主尊毗卢遮那佛坐高 1.2 米，胸宽 0.79 米，面相丰满，鼻梁略高，两耳垂肩。衣纹纤细可见肌肤，结跏趺坐于金刚座上，身后莲瓣形背光。两侧胁侍菩萨，头戴花冠，肩宽腰细，身躯大部袒露，趺坐莲花侧向佛。遗憾的是，造像近年被对文物保护无知的居士们好心办了错误事，用廉价劣质的金色油漆妆彩涂抹了。

　　唐会昌五年（845），武宗诏令灭佛毁寺，西庆林寺惨遭损毁，僧尼尽散，佛像被毁。宋代曾重修，然而几经劫火，桂林佛教重心东移至叠彩山麓圣寿寺。喀斯特峰丛中的摩崖造像也渐渐被荒草淹没，桂林山水的美景掩盖了这些山野古佛的光彩。

上图：桂林西山一带山水幽胜，自
　　　古是修行参禅的适意之
　　　地　2016.9.

下图：唐代一佛二菩萨造像可惜被
　　　涂抹了劣质的金漆，精美难
　　　再见　2016.9.

还珠洞摩崖造像

- 9 世纪
- 广西桂林市伏波山还珠洞
- 全国重点文物保护单位

南方海路传入佛教较晚，由印度恒河口泛海经越南进入我国两广地区，沿珠江、西江、漓江北上，桂林是南北交汇的枢纽。

桂林市区东北的伏波山，东临漓江，孤峰突起，有遏波伏澜之势，因唐代有汉朝伏波将军马援祠而得名。山腹的还珠洞，古时仅临江一面有洞口，坐船方能进入，后来在西、南面开凿洞口，便可从陆地入洞。临江口一石柱下垂，底端离地有一寸多的空隙，鬼斧神工似被剑劈而开，传说是伏波将军试剑所致的试剑石。古洞奇景，历代文人墨客皆喜来此吟游。洞口下是深不见底、碧波幽水的伏波潭。桂林人早晚间常在此跳水、游泳，佛龛下的古洞即是人们的天然更衣室。

桂林多为石灰岩山，崖石质地坚硬，山石多裂隙，因山就势开龛造像，故形制不大。唐宣宗再兴佛教后，还珠洞成为桂林摩崖造像最集中的地方，现存45龛239尊，造像袈裟轻薄，线条流畅，已渐露汉人之相，洞壁有"桂管监军使赐绯鱼袋宋伯康，大中六年（852）九月二十六日镌"唐代造像题记。1号窟为西方三圣，主尊阿弥陀佛跌坐于长寿龟托起的须弥座上，两侧为观音、大势至菩萨；3号龛释迦牟尼佛跌坐仰莲座上，文殊、普贤菩萨微笑侧立，莲座上后世所刻"炼丹"二字，疑为中国历史上佛道之争后调和共存的产物。

上图：桂林市漓江边的伏波山和还珠洞　2016.9.

下图：桂林人早晚间常在此跳水、游泳，佛龛下的古洞是人们的天然更衣室　2016.9.

牛仙寺石窟

- 9世纪
- 四川省乐山市夹江县吴场镇白龙村
- 市级文物保护单位

　　夹江牛仙寺传说为得道高僧创建，因建寺院时靠众牛辛劳使力，寺院建好后，牛皆仙去，故取名牛仙寺以作纪念。唐代寺庙兴旺，香客们竞相发愿捐资开窟造像，在此南北长约150米、宽约100米、高20余米的山崖上，开凿摩崖佛窟254龛，造像3400余尊。第225号窟壁记载镌刻有："八部龛一所，右弟子杜渐及妻向氏，造□件切听求为供养；后妻杨氏、男元直、妻罗氏。元和十五年六月二日。"此处"元和"为唐宪宗（805~820）年号。第220号佛壁上题为："时以咸通十五年三月十五日砌毕。"此"咸通"为唐懿宗李漼（859~873）年号。

　　牛仙寺石窟造像内容丰富，技精像美，其造像风格与同一县境的夹江千佛岩很接近，曾立于忙碌古道上的牛仙寺早已片瓦不存。牛仙寺佛窟至1987年才被人们发现，一直是养在深闺人未识，2011年去的时候，还见瓜藤随爬，荒草乱长。

　　白龙四队的范兴明老伴过世了，儿子儿媳成都打工，他侍奉84岁的老母生活在这里。2013年把这里原来种的桑树改种茶树，一亩茶树一年收入4000元，他说有那么多佛、菩萨照应的资格禅茶，不愁销路。

众多佛、菩萨照应的茶树郁郁葱葱　2018.5.

071

沙溪石窟

- 7~8 世纪
- 四川省巴中市兴文镇沙溪村
- 市级文物保护单位

唐代京城长安翻越米仓山的入蜀要道"米仓道"，在由水宁寺到米仓山南麓巴中的路上会途经一小村庄叫沙溪。顺着一片片刚插秧的水稻田一眼望去，突起一道浅丘，隐约可见一些小窟窿，当地人称这是邬家梁子。走近一看，那些小窟窿乃一龛龛唐代造像，计开凿有石窟 17 龛，大多为 1 米见方的小龛，造像虽风化严重，有的仅剩大致轮廓，但盛唐风韵犹存。

酷暑寒冬千百年，佛在这田边地头，注视着一代代的人们从龛前慢慢走过，日出而作，日落而息，过着远离尘世的舒缓生活。

修建达州到巴中的达巴铁路打破了邬家梁子的平静，这片地方正好规划在铁道线里。从 2014 年开始，由四川省文物考古院历时半年，分块切割后，整体迁移到了别处。2017 年 5 月，我专门驱车到巴中一看究竟，在沙溪四处打听，终于在邻近的双桥村一座山的陡坡上，找到了迁移过来后拼接起来的沙溪石窟。如今唐代石窟原址，仅剩平整的铁道路基和通向远方一望无际的钢轨。

上图：千百年来，佛就在田边地头，注视着一代代人从龛前慢慢走过　2011.7.

下图左：曾经远离尘世的沙溪石窟原址已变成了交通往来之地　2017.5.

下图右：迁移来双桥村后拼接起来的沙溪石窟　2017.5.

上图：第 25 窟在榆林窟中保存最为完整，
左壁为精美的巨幅经变图
2015.12.

下图：榆林窟被称为莫高窟的"姊妹窟"
2015.12.

072

瓜州榆林窟

- 6~18 世纪
- 甘肃省瓜州县城南 76 公里榆林河谷
- 世界文化遗产　全国重点文物保护单位

　　榆林窟又称万佛洞，地处祁连山脉峡谷中的砾石崖壁上，因河谷两侧荒漠断崖中遍生榆树而得名。榆林窟为敦煌艺术重要的组成部分，有很高的历史和艺术价值，被称为莫高窟的"姊妹窟"。开创年代虽无文字可考，但从洞窟形式及题记推断始建于北魏。经唐代后的历代建造和重修，现存壁画完整的洞窟 43 个，其中东崖 32 窟、西崖 11 窟，彩塑造像 272 身，壁画 5650 余平方米。11 个唐代洞窟中，仅存第 25 窟较完整保存。

　　第 25 窟为吐蕃占领瓜州（776）后开凿。1941 年 10 月，张大千两进榆林窟，潜心临摹了第 25 窟的巨幅经变图和第 16 窟的壁画。中国画的远山无皴、远水无波和远人无目，大千先生认为，在此窟壁画中有传神的表现。

　　进入前室，正壁的门两侧，分别绘毗琉璃天王像和毗沙门天王像；再入主室，平面方形的覆斗窟顶，可见千佛残迹；主室正壁绘八大菩萨曼荼罗，北壁绘弥勒经变，南壁绘观无量寿经变，文殊、普贤经变则绘于门两侧。室中央设方形佛坛，坛上主尊经清代重修，乃窟中仅存之结跏趺坐彩塑佛像一尊。

　　根据《观无量寿经》绘制的观无量寿经变，画面七宝池中一片宫殿楼阁，曲栏平台，无量寿佛结跏趺坐于莲花宝座，观音、大势至菩萨分列左右，庄严肃穆，以雄伟壮丽的宫殿楼阁，刻画西方净土的繁荣景象。两侧以条幅形式绘未生怨故事和"十六观"。下部平台上舞伎击鼓踏足，分列两侧的乐队演奏排箫、横笛、琵琶、笙、竽篥、法螺等乐器，张开双翅的人头鸟身的迦陵频伽，也神情专注地演奏琵琶……

　　观无量寿经变以完美的空间构成，把建筑、山水与人物结合一起，描绘出空旷辽阔的境界。形象均为汉人面貌和唐人衣冠，造型线描继承唐代吴道子的兰叶描法，构图严谨，造型逼真。壁画以矿物颜料石青、石绿为主调的青绿色，表现典雅之美，充

榆林窟第 3 窟是敦煌石窟晚期的巅峰之作　2015.12.

分展现出唐风和精湛技艺，是敦煌壁画艺术的经典。

开凿于西夏中晚期的第 3 窟，为平面长方形浅穹隆顶窟。窟中设八角形二级曼荼罗，窟顶中心，为精心描绘的金刚界五方佛曼荼罗，四周璎珞垂幔及千佛。东壁绘八塔变、五十一面千手千眼观音变、十一面千手千眼观音变；南壁绘观无量寿经变、金刚曼荼罗和五方佛曼荼罗；北壁则绘净土变、五方佛曼荼罗和观音曼荼罗；西壁门上绘维摩诘经变。千手千眼观音经变尤其独特，五十一头像垒叠如塔，千手自观音背后伸出如光芒，每手有一眼，展示器物竟有 140 件，除经文所记内容外，还增加如筝、拍板、排箫、琵琶、胡琴、方响、腰鼓等丰富的乐器及劳动生产工具。此窟经元代和清代重修，窟内仅存清代塑像 40 尊，但因大量精美壁画遗存，其内容和形制的独具一格，成为敦煌石窟晚期的巅峰之作。

自贡菩萨石

- 10~11 世纪
- 四川省自贡市贡井街旭水河中
- 市级文物保护单位

　　贡井街老街社区下桥的河中，有 1 巨石半淹没于旭水河中，当地人俗称"菩萨石"。造像石缘何在旭水河中，当地说法不一。贡井产盐，信众们便在附近崖壁开龛造像，保佑采盐顺利和盐运船只平安。千佛岩就开凿于唐代天佑年间（904~907），背靠天池山，东接旭水河，采井盐之古卓筒井就在千佛寺侧，庙中尚存大小佛像 853 尊。千佛岩直线距离与菩萨石仅 200 多米，因老鹰咀崩岩造像石坠入河中，原本于旭水河东岸坡地的巨石，上世纪初下游修水坝蓄水供盐运船只航行，才将菩萨石淹没。

　　观菩萨石上的造像风格，开凿于晚唐至北宋。石上共有十多龛雕像，周遭均被雕刻，有毗沙门天王、观音和天龙八部等，题材都是四川地区晚唐流行的佛教题材。龛壁有"熙宁"字样，北宋神宗年间（1068~1077）即为熙宁。常年卧于河道中央的菩萨石，精美的佛像雕刻时常引得当地人去探访参拜。

菩萨石缘何卧于河
道中央，当地说法
不一
2017.4.

崇龛千佛寺

- 8世纪
- 重庆市潼南县崇龛镇薛家村
- 全国重点文物保护单位

崇龛镇的千佛寺石刻呈东西走向，长30多米，残高4米，经2011年9月和2013年12月两次发掘，裸露出中晚唐、北宋时期造像，有43个窟龛，283尊造像，石壁刻"天宝十一年"（752）"遂宁县清泉乡"等27则题记。当地63岁的村民张庆明说，原来这里的千佛寺从山脚到山顶有7重大殿，清代白莲教的一场大火将千佛寺烧了，后院的千佛崖却奇迹般地保存下来。

原本千佛崖有9米高，1958年建设崇龛水库，顶部5米因炸山取石中被截去修水库了，仅距地面4米高的崖面造像得以保存，却被开采后的碎石完全掩埋。2011年8月，有人在此取这些碎石修院子做地基，这些精美的唐代造像才重见天日。石刻很快被定为全国重点文物保护单位。文管所请附近的乡民暂时看护。于是村民在千佛崖前的平坝铺两张晒席当作晒场，晒花生看管佛像两不误。

现在，通往千佛崖的水泥路已经修通，给唐代文物搭建起围墙屋顶，安装了监控设施，千佛崖前的平坝，建成了一个大停车场。

上图：乡民在千佛崖前的平坝一边晒花生一边看护佛像　2012.9.

下图：这里已修起围墙屋顶，石窟前的平坝修起了停车场　2018.5.

075

通天岩石窟

- 10~12 世纪
- 江西省赣州市章贡区西北郊
- 全国重点文物保护单位

　　赣州通天岩丹崖绝壁，岩深谷邃，因"石峰环列如屏，颠有一窍通天"而得名，是一处典型的丹霞地貌。通天岩摩崖石窟开凿于唐末，兴盛于北宋，是江西最大的石窟造像群，现存唐朝至宋代的石龛 279 个，石刻造像 359 尊，宋代至民国的摩崖题刻 128 品，被称为"江南第一石窟"。观心岩、忘归岩、龙虎岩、通天岩、翠微岩五大岩洞，文化底蕴深厚、苏东坡、阳孝本、王阳明、蒋经国等历史名人曾在此留下了众多遗迹。

　　通天岩石窟主要有四组造像：开凿于唐代末年的 8 尊造像，开通天岩摩崖造像之先河，其中两尊观音菩萨造像保存较好；位于通天岩山崖上，由五百罗汉拱卫着的毗卢遮那佛及文殊、普贤两胁侍菩萨组成的北宋中期组群造像，规模最大，气势恢宏；开凿于北宋后期，以僧人明鉴为主施造的单龛十八罗汉像，是通天岩摩崖造像的精华所在；开凿于南宋初年，由虔朱氏在翠微岩施造的弥勒佛像等。

　　整体来说，通天岩石窟造像规模不大，体量较小，且因为数百年间的历史流变的损毁，以及自然风化影响，造像大多甚为斑驳，容貌难辨。

上图：开凿于唐代末年的 8 尊造像，开通天岩摩崖造像之先河　2019.3.

下图：12 世纪　翠微岩造像群　2019.3.

南宋释迦佛

大足宝顶山大方便佛报恩经变相

1996.5.

第四章

五 代 两 宋

落 日 耀 余 晖

石窟艺术发展到宋代，在造型与题材上、

思想和理念上已经完成佛教世俗化进程。尤其是以大足、

安岳为代表的巴蜀石窟更是以鲜明的民族化、

生活化特征，造就出具有中国风格的石窟艺术典范，

堪称中国石窟鼎盛时期的最后辉煌。

自公元 907 年朱温灭唐，唐朝之后的 50 余年间中国又南北分裂。中原地区相继出现了定都开封和洛阳的后梁、后唐、后晋、后汉和后周五个朝代，以及割据于西蜀、江南、岭南和河东等地的十个政权，合称"五代十国"。晚唐五代，中原战乱频繁致民不聊生，天竺来僧减少，且有周世宗抑佛，大规模的石窟造像业已停止。洛阳是五代后唐的建都地，又有龙门石窟那样规模的石窟群，却未有五代开凿的石窟。唯敦煌莫高窟，在五代时期尚开凿 28 窟，且有的规模超过唐窟。这是因为，敦煌地处边陲，五代各国的政治力量难以企及，同时敦煌又是"塞外江南"的富庶之地。

　　南方佛教这时依然兴旺，杭州从五代吴越时期起，历代钱王以"信佛顺天"为宗旨，大力倡导佛教，于西湖周边的山岩洞壑中开窟造像。偏安一隅的巴蜀，虽相对安宁，佛窟开凿再无遍地开花的盛况，零星的百姓自发开凿的石窟因财力有限，窟龛都不大，进深浅，少有大型造像，佛像线条也趋粗犷简约。迄今留存下来的五代造像，大多分布在甘肃、四川、江苏与浙江，以大足、安岳为最。五代造像以观音、地藏、地狱变相、十六罗汉为主，几如山观小几观音师林，也向视为济山菩萨的千手观音也大量出现，暗示百姓对安宁的渴求。五代造像上承唐制、下启宋风，但因为开凿很少，各地的石窟造像中，想单独论述五代十国是较为困难的。此时的石窟，虽然没有唐代石窟造像精美大气，却如实反映了中国石窟艺术流变的过程，保存了中国石窟的火种。

　　北宋结束了五代十国分裂局面，赵宋王朝采取"先平西川"的策略，灭掉后蜀即以天府之国作为大后方。经济的发展为日后巴蜀石窟走向极盛创造了有利条件。清代

194

学者提出"唐盛宋衰"之说，认为宋代石窟造像早已衰落，不值一提。但是，大足和安岳石窟的相继发现已经改变这种观点，向人们展示出中国宋代石窟造像华彩溢彰之美。这时期，以敞口摩崖造像龛或依崖就势凿造的摩崖造像居多，且多数是素面无装饰的龛形；佛像面型圆润但不丰腴，多为低平螺髻；衣纹转变为线面结合的起伏转折式，身着褒衣博带式大衣，写实性较强；菩萨多头戴镂空高花冠，修身平胸饰璎珞，上身再无盛唐时袒露。宋代石窟的开凿是中国石窟历史上的第三次高潮，巴蜀多地石窟造像尤其是大足和安岳的石窟群，还有陕西子长钟山石窟、浙江杭州飞来峰等精彩纷呈。

石窟艺术发展到宋代，在造型与题材上、思想和理念上已经完成佛教世俗化进程。儒释道三教合流，已成为近古以后中国文化思想演进的主流趋势，儒家思想逐步平民化，宗教完成世俗化转型，世俗生活融入宗教思想，推动中国石窟艺术走向世俗化的新模式。作为两宋文化思想的物质化承载，佛教石窟艺术彻底完成中国化、风俗化，尤其巴蜀佛窟造像，在吸收融化前期石窟艺术精华的基础上，不论题材选择、艺术形式、造型技巧与审美情趣等方面，都较之前历代有所突破，是宋代石窟艺术的典型之作和设计意匠的集中体现。巴蜀石窟以鲜明的民族化、生活化特征，造就出具有中国风格的石窟艺术典范，堪称中国石窟鼎盛时期的最后辉煌，与敦煌、云冈、龙门等石窟一起，构成了一部完整的中国石窟艺术史。

开凿于五代天复年间的千佛龛千佛密布，常有村民来此祈福挂红　2009.10.

灵游院石窟

- 10世纪
- 四川省资阳市安岳县船形村灵游院
- 省级文物保护单位

　　安岳县城边的罗汉寺坡北，隐藏在大片柠檬树遮掩的农居后面的山上曾有古灵游院，寺庙早已不存，如今只有居士自己依山搭建的一座简陋吊脚楼，楼内尚有三龛佛像开凿于岩壁上。灵游院石窟开凿几乎都是五代年间。公元907年唐朝灭亡，后梁建立，中原大地频发战乱，民不聊生，大规模开凿石窟业已停业。但安岳除船形村外，圆觉洞、千佛寨等却有不少开凿于五代的石窟，造像规模近2000尊，多有年代题刻，堪称中国五代石窟之最，保存了中国石窟造像的薪火。

　　灵游院17个窟龛，913尊造像，雕刻地藏、罗汉、观音以及佛道合龛等题材，静静伫立在茂密的青草竹林间。五代年间的石窟，龛浅窟小，鲜见体量稍大的造像，造型趋于粗犷，线条非常简约，只因五代乱世中四川虽偏安一隅，安宁环境可开窟造像，但社会财力已不如盛唐，所以佛龛都开凿简单。

　　题刻为五代天复年间（936~944）的千佛龛，千佛密布，矿物质颜料尚存。祈福挂红的民俗传统，一直以来都深受百姓的喜爱，时常有村民上山敬香。

泉州石刻造像

- 10~13世纪
- 福建省泉州市清源山、岱峰山、卓望山、九日山
- 全国重点文物保护单位

泉州为闽南佛国，镌刻于石壁上的宋元时期"泉南佛国"大字，在清源山和九日山皆有。

泉州城边的清源山，唐代即儒、释、道三教并存，兼有伊斯兰教、摩尼教、藏传佛教活动，逐步成为多种宗教兼容并蓄的多元文化名山。清源山除弥陀岩的阿弥陀佛站立像、千手岩的释迦牟尼坐像、瑞像岩的释迦佛站立像这几尊宋代造像之外，碧霄岩景区内的元代藏传佛教"三世佛"摩崖石雕造像，是杭州飞来峰以外，唯一有明确纪年的元代藏式佛教石刻。三世佛结跏趺坐于仰莲座上，长方形佛龛高3米、宽5米，造像通高约2.5米。主尊之现在佛，作触地印之降魔相；左尊为过去佛，亦作触地印之降魔相，左掌扛钵；右尊为未来佛，作施定印之禅定相，皆为吐蕃式样。崖壁题记为至元壬辰间（1292），由灵武唐吾氏广威将军阿沙，任泉州路和邵武路达鲁花赤时所刻。达鲁花赤乃蒙语的音译，是元代官名，指镇压者、制裁者，有总辖官之意。元代汉人不能任正职，各路及府州县设的达鲁花赤，必由蒙古人或色目人担任。

1369年朱元璋推翻元朝建明，自古受多元文化影响的泉州人用泥土、稻草和石灰，把3尊袒胸露背的喇嘛教三世佛像，改建成汉传佛像保护下来。直至1988年因为暴风雨，1尊佛像掉落一角露出半边肩膀，人们对佛像修复中，去除外层泥土石灰，3尊700年前的"三世佛"才恢复历史本来面目，展现在人们的眼前。

上图：清源山碧霄岩元代藏传佛教三世佛　2019.3.
下图：岱峰山南天寺宋代西方三圣造像　2019.3.

东石镇岱峰山的南天寺为尼众寺院，建于宋嘉定九年（1216），因开凿有西方三圣像又得名石佛寺。殿内主尊阿弥陀佛居中，观音菩萨、大势至菩萨胁侍左右，3 尊造像均通高 6 米、宽 3 米，主尊身后雕两个龙柱，龙首相向，佛、菩萨皆有圆形背光，结跏趺坐于莲花座上。阿弥陀佛头饰螺发，脸颊方圆，两耳垂肩，胸前有"卍"形佛号，双手结禅定印于双膝之上；观音菩萨头戴宝冠，冠中饰化佛，脸颊丰颐，左手胸前结说法印，右手持净瓶于膝上；大势至菩萨宝冠正中饰宝瓶，右手胸前结说法印，左手执经卷于膝上。整龛造像以花岗石雕刻，简洁质朴，保存完好。在此拍摄也颇得佛缘，望着紧锁的铁门一筹莫展之际，却幸遇住持释理山法师，大开方便之门。

卓望山西资岩寺始建于宋绍兴十八年（1148），大殿内的崖壁上也有 1 窟西方三圣造像，佛、菩萨背面石壁均刻圆形头光及卷云纹，主尊阿弥陀佛赤足立于双仰莲座，袒右胸，左手平举莲花，右手下垂；左为观世音菩萨，右手下垂以拇指、无名指和小指夹宝瓶；右为大势至菩萨，左手下垂，右手上举施说法印。两侧石雕护法武士，疑为近代作品。

距泉州市区 7 公里的九日山，在西峰顶上依山刻有阿弥陀佛 1 尊，袒胸趺坐于莲座的弥陀佛，高 4.5 米、宽 1.5 米，衣纹流畅，法相庄严，为泉州最早的石佛造像，为宋太祖乾德二年（965）所刻。石佛面部虽有风化，但袈裟衣褶和手印分明，历经 1500多年风镇不动不摇，见证了许多世事沧桑。泉州各地的摩崖造像历代都建有石亭庙舍，以保护石佛，这里在清初也建有全石构方亭。

石佛亭下面崖壁上，即是宋元祈风石刻群，为我国著名海外交通史迹。珍贵的 13方宋代祈风石刻，记载从北宋崇宁三年（1104）至南宋咸淳二年（1266），泉州官员为航海船只举行祈风典礼的情形，反映当时来往繁华泉州港的海船依靠有规律交替的季风，从事海外贸易与交通的史实，是海上丝绸之路的历史见证。1991 年联合国教科文组织"海上丝绸之路"考察团曾登山参观，又留下 1 方 20 多国专家联合签署的登游纪事摩崖石刻。

上图：九日山宋代阿弥陀佛　为泉州最早的石佛造像　2019.3.

下图：九日山宋代祈风石刻群是海上丝绸之路的历史见证　2019.3.

东嘎和皮央石窟

● 10 世纪
● 西藏自治区阿里地区札达县皮央村
● 全国重点文物保护单位

　　东嘎和皮央石窟在阿里札达县以北 40 公里的地方，被浩荡的札达土林包围。这两处相距不到 2 公里的石窟是中国迄今发现的规模最大的佛教石窟遗址，世界上海拔最高的佛窟群。皮央石窟群现存洞窟上千座，其中还不包括许多因年代久远而坍塌损毁的洞窟，传说是公元 10 世纪古格王朝初期的王子米旺朗杰所建。规模大于东嘎石窟的皮央石窟，是由寺院建筑、城堡遗址与石窟群组成的宏大佛教遗迹。

　　这里没有木制房子，那个时代不论僧侣还是信众，为了遮风避雨和修行生活，都在这里开凿洞窟。许多石窟被烟熏得黝黑，那是常年有人居住的痕迹，现在皮央村民都从洞窟搬到山下定居，仅有个别洞窟安了木门上了锁，是村民的贮藏室。村民们外出放羊，也会在洞窟中躲雨、休息。1992 年 6 月的一天，考古队车子在返回营地的路上搭了一位放羊的藏族小女孩，就顺便问她附近有没有画着画儿的山洞，没想得牧羊女点头说有，深藏高原的佛窟就这样被世人所知。

　　皮央石窟管理员强巴带我走进石窟。因石质不佳，这里的石窟开凿造像都采用类似于新疆、敦煌一样的方式，用泥塑敷彩的方法造像，洞壁则描绘壁画，绘有佛像、菩萨像、说法图、礼佛图、佛法故事、曼荼罗等十余类，风格明显受邻近的克什米尔艺术影响。

左上图：阿里皮央石窟采用泥塑敷彩的方法造像，洞壁则描绘壁画　2018.8.

右上图：古格王朝早期的阿里东嘎石窟，礼佛窟壁上和藻井绘有精美壁画　2018.8.

下图：阿里皮央石窟全景　2018.8.

宋代卧佛前青砖的供台、零散的香灰和不远处新建的万佛寺相比显得格外荒凉　2017.9.

079

唐县卧佛摩崖造像群

- 11 世纪
- 河北省保定市唐县白合镇柏山村
- 全国重点文物保护单位

距唐县城 25 公里的白合镇有座卧佛寺水库，1958 年修建时，抽调全县 9 乡民工 4000 多人，用了半年时间才竣工。卧佛寺摩崖造像位于水库东岸，在南北向 6 米高的硅质石灰岩峭壁上。这里曾经开凿有 55 个藏经龛窟，摩崖造像 1613 尊、石刻经文 15 窟，如今就仅存卧佛摩崖造像群。

当年建水库，人们毁了岩壁上的石窟佛像，卧佛却意外被沙土掩埋，水库则以一旁古卧佛寺得名。水库放水，石刻卧佛淹于水库，躲过一劫。近年水位下降致水库干涸，2004 年春天，在溢洪道施工时，大家见一处石坑边有许多泥土和石块，想把石头挖来做工程材料，没想到却挖出了千年卧佛。

卧佛摩崖造像群现存大小窟龛 95 龛，造像 138 尊，卧佛左侧题刻，乃开凿于北宋庆历五年（1046）的释迦牟尼涅槃圣迹图。卧佛造像长 4.5 米，头蓄螺髻，垫荷花枕，面容安详，已臻超脱生死的涅槃化境。涅槃经变相中刻画的形态各异众弟子，较好的表达了佛祖涅槃之际的肃穆气氛。卧佛拙朴淳厚，雕工不算精致，比例也不太准确，显然是出自民间开凿，但却是我国北方极为罕见的大型北宋石刻群。

枯水年水库没水，卧佛就显露在岩壁上，遇到水库蓄水，卧佛与旁边的小佛像又会沉于水里。卧佛周围杂草茂密足有一人高，循着游人踏出的"路"，佛前的空地上，一个用青砖铺就的供台，游人拜佛留下的贡品、香炉和空地上零散的香灰，以及给佛像遮风挡雨建的彩钢棚，和不远处新建的万佛寺比起来，显得格外荒凉。

二佛寺摩崖造像

- 10~12 世纪
- 重庆市合川区涞滩镇
- 全国重点文物保护单位

　　重庆市合川涞滩镇的渠江边，因有仅次于乐山大佛的蜀中第二摩崖石佛，故名二佛寺。此寺在晚唐就颇具规模，当年唐僖宗曾遣使者到该寺祈祷。二佛寺的摩崖造像，为全国罕见的佛教禅宗造像。现存的摩崖造像大多出自宋人之手，共计 218 龛，造像1670 余尊，大者高 10 余米，最小仅巴掌大，均分布在下寺的北、西、南三面岩石上。北面正中主尊释迦牟尼佛通高 12.5 米，面部圆润，额显白毫，身着褒衣博带式袈裟，左手抚膝，右手施说法印，双脚自然下垂，呈善跏趺坐，如正为大众说法之相。以此为中心，将阿难迦叶、十地菩萨、禅宗六祖和众多罗汉汇集环拱屏列，与山壁浑然一体，俨然构成了一个宏伟壮观的禅宗道场。敦煌研究院院长、著名石刻专家段文杰先生曾题"涞滩摩崖造像，宋代石刻艺术的精华"。

　　二佛寺明清以来历经兵火劫难，现有建筑都是清代或民国时期重建重修。上寺各殿，原有佛像数百尊，"文革"中被捣毁殆尽，仅幸存下寺三檐歇山式建筑和殿内摩崖造像龛窟。每逢佛历佳节，鹫峰山山顶二佛寺中香火鼎盛，且当地盛行烧高香习俗，所以佛窟外面空地上，冒着青烟的高香几乎遮天蔽日。

　　前两年重访涞滩，佛窟都被绿色安全网和挡板遮住，国家文物局正对二佛寺造像进行抢险加固和北岩造像本体保护工作。2018 年再访，有幸登上钢管脚手架搭起的几层楼高的施工面，近距离在巨大的千年佛头前，静观众妙，息羽听经，感到无比之殊胜。

开凿于晚唐，完成于宋代的释迦坐佛　2008.2.

钟山石窟

- 4~11 世纪
- 陕西省子长县安定镇北
- 全国重点文物保护单位

　　子长县曾是古丝绸之路北线的必经之道，始建于东晋太和年间（336）的钟山石窟，开凿在犹如倒扣巨钟的山岩上，现存 5 个洞窟，顺着"钟沿"大小不等排列。

　　钟山石窟中保存较完整的是万佛岩的 3 号窟，开凿于北宋治平四年（1067）的万佛岩，在 225 平方米的洞窟里，雕刻有 13000 余尊千姿百态的石雕。平顶八卦莲花藻井的洞窟内，高大的坛基上开凿 3 组 14 尊造像，主尊为释迦牟尼三世佛，像高 3.54 米，结跏趺坐于仰莲须弥座。左右侍立弟子迦叶和阿难，均脚踏莲座，通高 2.5 米。弟子两旁为乘青狮的文殊菩萨与乘白象的普贤菩萨。坛基前后八根接地连顶的方形石柱，柱高 5 米，1 米见方，是开凿石窟所留支撑柱，石柱四周和石窟四壁均密无间隙地雕刻着数层造像，雕像全部妆彩，主龛造像以泥金彩绘尤显金碧辉煌。可惜风化严重，尤其下方不少造像已如同融化，手一触碰，砚就变为细沙，万尊造像仅有 3500 余尊完整。

　　2016 年，3 号窟开始大规模维护，用钢管架设两层楼的施工面，为严防施工意外伤害文物，暂未施工的所有立面，都用木工板包裹后，以灌浆技术对石窟造像加固保护。

钟山石窟宋代千手观音 2016.3.

木梯寺 7 号窟的全封闭钢筋笼，却造成了一种佛在笼外看笼内众生的错觉　2015.12.

木梯寺石窟

- 5~13 世纪
- 甘肃省武山县马力镇石渭山
- 全国重点文物保护单位

武山县城 35 公里外的石渭山木梯寺，地处丝绸之路东段南道和唐蕃古道上，北魏始建，三面悬崖绝壁，仅北侧铁山门入寺，绝壁置数丈木梯以登梯入寺，故名木梯寺。石窟开凿在峭壁山腰上，现存历代窟龛 18 个，造像 78 尊，壁画 230 余幅，以第 5、7、16 窟规模较大，保存了唐宋风貌。

7 号窟方楣窿顶的洞窟以钢筋大笼子密密反罩，钢笼外有宋代石胎塑像 8 尊。正壁主尊释迦牟尼佛结跏趺坐须弥座上，两侧为交脚菩萨和翘脚菩萨；左右侧壁一为弥勒佛，一为阿弥陀佛，各侍以弟子、菩萨。翘脚菩萨是木梯寺塑像中的珍品，其右手抚撑于石上，左手放置膝盖五指自然下垂；一双秀丽的赤脚，右脚轻踩地上如踏花蕊，左腿弯曲上翘踩在石头上，身躯侧仰，泰然自若。与通常庄严肃穆的造像不同，既具少女妩媚，又有女神仪态，可见宋代菩萨造型日益世俗化。

过去由于保管不力，村民山上放羊时常在洞窟里生火做饭，以致熏黑造像，尤其主佛已面目难辨。为保护文物，现在给佛像建起全封闭钢笼，却不曾想，成了佛和菩萨在笼外，看钢笼里的芸芸众生。

宋代翘脚菩萨　2015.12.

茗山寺摩崖造像

- 9~18 世纪
- 四川省安岳县顶新乡民乐村茗山寺
- 全国重点文物保护单位

　　茗山寺位于安岳县城 60 公里外顶新乡的虎头山巅，始建于唐元和年间（806~820），盛于北宋。虎头山层峦叠翠，古道壁立，环山佛像林列，现存唐、宋开凿的 13 个窟龛，大小 63 尊摩崖造像，其中 5 至 7 米高的造像有 8 尊，1~4 米高的造像也有 50 余尊，碑刻题记 20 余处。造像题材主要为毗卢佛、观音、大势至、文殊、护法神将等，造像大多慈眉善目，神态安详，宝冠璎珞装饰，无一雷同。

　　安岳、大足的宋代造像是中国石窟艺术的最后辉煌，茗山寺几十尊宋代摩崖造像，是中国摩崖石刻晚期的经典代表。窟额刻有"现师利法身"双钩大字的文殊师利菩萨龛，主尊文殊菩萨像高 5 米，头长 1.3 米，左手托书外伸 1.5 米。经书和手的重量超千斤，仅以高 2.2 米的垂地袈裟支撑，千年不坠，乃古代工匠巧妙运用力学的作品，展现了古代雕塑艺术与技术的完美结合。文殊菩萨头戴华丽精美的五叶佛冠，身着右袒式大衣，胸前饰有璎珞，右手平置于胸，面部丰润，神情淡雅，不凡气度中更显妩媚。

　　菩萨身后壁上，曾左右开凿各 5 个圆龛，龛内各有坐佛 1 尊，右壁因早年岩崩后仅存 3 龛精致的坐佛。神奇的是左边 5 圆龛，密集排列的石纹线条中佛影隐约可见，原来左壁是风口，没有岩壁遮挡的左壁在千年的风蚀侵凿下，形成如此鬼斧神工的作品。安岳石窟造像众多，与这里自古崇尚佛教有关，人们从小耳濡目染，一代代延续至今。

　　农历七月十五香会，四方八面来敬香拜佛的居士香客早早就上了虎头山。山崖绝壁上，左为窟高 5.5 米的宋代观音和大势至菩萨窟，岁月如刀，竟在这精美造像上雕琢出一道道岩纹，妙趣天成；另一边是窟高 5 米的明代毗卢佛与清代东岳大帝合窟，佛道汇聚一龛，乃文化交融见证。香会中，虔诚的人们沿着崖边的山道，举着香迎着风喃喃而行，一代又一代，岁月就这样在石像上留下年轮般的沧桑纹理。

文殊菩萨手臂和手中经书的重量超千斤，仅以垂地袈裟支撑，却千年不坠 2009.9.

连绵的香客，将宋、明、清的菩萨与佛道造像连接起来　2009.9.

084

孔雀洞石窟

- 10~11 世纪
- 四川省安岳县双龙街乡孔雀村
- 全国重点文物保护单位

　　距安岳县城 60 公里外的孔雀村，因当地开凿于北宋年的孔雀洞石窟而得名，在洞口早年已坍塌的窟内，雕凿有世间少见的密宗本尊孔雀明王造像。洞窟现存窟龛 8 个，大小造像 75 尊。正中雕刻高 2.3 米全身孔雀，其上趺坐主尊四臂之孔雀明王，头戴化佛宝冠，胸饰璎珞，身着双领下垂大衣。其左手执莲蕾，左下手捧蟠桃，举于胸前的右手指已残，右下手托贝叶经，造姿优雅，慈蔼可亲。孔雀明王也称"佛母大孔雀明王"，明王多现忿怒像，令人难有亲近之感，而这里的明王以孔雀为坐骑，竟显秀丽大方。明王左右侧侍立合十的天王像，后壁崖上雕刻供养天人及帝释天大战阿修罗。

　　这里曾经有一座不大的孔雀寺，20 世纪 50 年代被分给周世夏父辈居住，孔雀洞搭建出半片瓦房做厨房，周世夏就是在孔雀明王旁的灶台边长大的。2007 年，在周世夏烟熏火燎的昏暗厨房里，他拉着木风箱就着红红火苗说，"文革"中破四旧，有人要炸毁孔雀洞，因与他家房舍相连，孔雀明王正好在其厨房里才得以幸存。后来，他又特用玉米秸、柴火把孔雀明王像遮掩起来。

　　孔雀洞造像雕刻精致，造型生动，完整保存至今实属不易。周世夏一家与孔雀明王相伴几十年，周家保护着佛像，明王庇护周家。佛像被灶烟熏了几十年后，2010 年，周家老宅拆除，一家人住进了旁边百米远，文物局为其新修的砖瓦房。孔雀明王终于见了天，周世夏也如愿成了名副其实的文物管理员。如今，文物局给明王像新修了围墙，建起了仿古屋顶遮风挡雨。

上图：曾经在周世夏灶房里的孔雀明王像　2007.3.

下图：一辈子与孔雀明王相伴的周世夏　2018.5.

观风洞之奇，参佛拜菩萨，是游人来桂林登叠彩山的不二选择　2016.9.

085

叠彩山佛窟

- 9~11 世纪
- 广西桂林市叠彩山风洞
- 全国重点文物保护单位

　　叠彩山位于桂林市中心漓江西岸，与城中的独秀峰和漓江边的伏波山鼎足而立。唐代诗人元稹的侄子元晦游览叠彩山后记曰："山以石文横布，彩翠相间，若叠彩然，故以为名。"

　　山腰一南北对穿的喀斯特奇洞名为风洞，中间狭小，仅过一人，形成南北开敞呈葫芦状的前后两洞，全长有 20 米。此洞原为地下古河道，所处地势高，北接"湘桂走廊"，南迎驾桥岭与海洋山之间的"峡道"形成对流，两端过风的断面大，风速增大，压强减少，始终新风不断。随季节变换，还有清、和、暖、冷风之别，风迎更风送，唐时人们于此雕凿佛国"清凉世界"。

　　唐代会昌年间（841~846），武宗嗜好道术，便有了毁佛灭法的"会昌法难"。风洞佛窟当时遭到严重破坏。佛窟现存 24 龛 98 尊，为释迦牟尼佛、阿弥陀佛及胁侍弟子、菩萨等造像，基本是宋代匠人在原龛上重刻再造。因改造而雕刻较浅，造型朴拙，衣饰简略，宽袍大袖显飘逸，有鲜明的地方特点。壁上所存造像题记，记载多为公元 1064 年前后。

　　叠彩山风洞之奇，历来是桂林游览的热门之地，参佛拜菩萨，感受南国炎热中的片刻清凉，也是游人来桂林登叠彩山的不二选择。这群广东清远的大妈，拜过诸佛，聚集在狭窄的风口享受凉爽清风，风声飘过如梵音。

王沙沟宋代万佛洞石窟儒释道并存，各种信仰汇聚一堂，是陕北的文化特色　2016.3.

米脂万佛洞石窟

- 10~17 世纪
- 陕西省米脂县王沙沟
- 省级文物保护单位

　　米脂县无定河岸悬崖上的万佛洞，有 20 余个洞窟，主要有伽蓝护法殿、观音洞、灵宫殿、白衣洞、关王洞等，最大为宋代伽蓝护法殿，即万佛洞。此洞窟为平顶窟呈四方形，高约 5 米，进深 10 米，洞中两个四方立柱连接窟顶，顶中间为八卦浮雕藻井图案，四周各刻结迦跌坐小佛与瑞兽。佛坛上佛像均已损毁，方形莲座尚存，残像有弟子、天王，两个四方柱和四壁造像以千佛为主，全窟千佛造像近万尊。遗憾的是，除了宋代开凿的洞窟和壁上千佛以及窟顶，是旧制老雕外，其余佛像、关公造像均为近代新塑。

　　即便如此，唯独这窟伽蓝护法殿平常都窟门紧锁，钥匙在有些耳背的王大爷裤带上，分秒不离左右。如来佛祖前供台上，一对鹅毛扎起的仙鹤昂首向天，王大爷说会保佑长命百岁，旁边的关老爷保发财。儒释道并存，各种信仰汇一堂，是陕北的文化特色。

安岳华严三圣窟

高升大佛

- 10~11 世纪
- 四川省安岳县高升乡天佛村大佛岩
- 省级文物保护单位

安岳县在通往大足的必经古道上，北宋时期沿线开凿有好几处大型的华严三圣造像，处处都精美绝伦。

县城东南 30 公里的高升乡天佛村，有大佛岩、雷神洞、千佛岩等多处摩崖造像，而云龙山大佛岩崖壁上开凿的 3 尊大佛最有名，称为高升大佛。北宋开凿的三圣窟内为通高 4.2 米的华严三圣跏坐像。主尊毗卢遮那佛头戴镂空宝冠，身着双领大衣；佛左侧是戴镂空七佛宝冠的文殊菩萨，身着 U 形大衣，饰璎珞；佛右侧为戴五佛宝冠之普贤菩萨，同样著 U 形大衣，胸饰璎珞；华严三圣造像两侧有身高 3.2 米的金刚站像，面相威猛。整窟造像除下部受不同程度损毁外，其余保存基本完好。

时年 70 岁的胡建，从文管员岗位退休后，不舍多年与石刻佛像结下的缘分，又回到大佛寺礼佛当香客，打扫卫生，帮助居士挂红祈福。

塔坡大佛

- 10~11 世纪
- 四川省安岳县林凤镇大坡村赵家坡
- 省级文物保护单位

安岳县城东南 40 公里的林凤乡新坝村和大坡村,在塔坡山顶和塔湾、云鹫山大通寺,有五代至明代石刻造像 27 龛, 计 250 余尊。塔坡的华严三圣像, 是安岳石刻中的一处

已从文管员岗位退休的胡大爷，回到大佛寺礼佛当香客，帮居士挂红祈福　2009.7.

精品，保存较好。3 尊造像各高 4.1 米，其中主尊毗卢遮那佛和左侧普贤菩萨，堪称安岳北宋造像的代表作之一。

　　当地人也叫塔坡为赵家坡，文物管理员赵心才已经 77 岁，做了 29 年文管员。赵大爷患慢性支气管炎有好多年了，上山来开门都是用带凳子的拐杖，走走停停。初一、十五有香客时，老伴也来做饭帮忙。大爷一再要我跟上面反映，希望多拨点钱保护文物，不能被偷了。2007 年初访塔坡时，精干的赵心才三五下就能登上 4 米高的佛像上打扫。

　　正编此书时得知赵大爷病逝，他在外打工的 50 岁儿子赵正忠回到乡下，接替父亲又做了文管员。

看护塔坡大佛 29
年的赵心才老人
2018.5.

华严洞石窟

- 10~11 世纪
- 四川省安岳县石羊镇箱盖山华严洞
- 全国重点文物保护单位

距安岳城东南 56 公里的华严洞石窟，是中国雕刻艺术最精、保存最完好的宋代佛教石窟，开凿于北宋建隆元年（960），正壁为高 5.2 米的毗卢遮那佛、文殊菩萨、普贤菩萨并坐的华严三圣造像。主尊毗卢佛头戴高宝冠，冠中刻柳本尊跏坐像，结跏趺坐于莲台上，双手当胸结内缚印；左右两边的文殊、普贤菩萨头戴宝冠，冠中刻一小化佛，皆半跏坐姿于铺帛莲台，莲台下分别是其坐骑青狮与白象。左右壁是并排高 4.1 米的十大菩萨坐像，与正壁上的文殊、普贤即合为十二圆觉菩萨。

造像与供案式高台皆为凿石整体雕刻，人物姿态优美，比例均匀，古匠师对面部细腻刻画，表现众菩萨外表的俊俏和内心的慈善；线面结合的镌刻手法，使形体楚楚动人；中国传统审美情趣的镂空饰花宝冠、粒粒可数的珠串璎珞、行云流水似的帔巾衣褶，衬托出高雅华贵的菩萨形象。菩萨头部上方，雕刻高浮雕连环画式的"善财童子五十三参求法图"，善财童子参拜的大德九十四同。高大的普贤菩萨造像仲右，是比丘像，依次是右壁五菩萨：一为普眼菩萨，左手托经箧，右手与愿印；二为弥勒菩萨，左手抚膝，右手腹前燃指；三是威德自在菩萨，右手抚膝，左手平置胸前；四乃净诸业障菩萨，右手施印，左手执一钵；五为圆觉菩萨，左手扶宝座扶手，右手托摩尼珠。

近年为文物保护缘故，在洞窟中间加装了木栅栏，香客观众再不能走到石刻造像面前，更不能在洞窟里燃烛烧香。

上图：华严洞石窟是中国雕刻艺术最精、保存最完好的宋代佛教石窟　2009.9.

下图：附近村民在华严洞躲雨打牌　2009.10.

千佛寨石窟

- 6~12 世纪
- 四川省安岳县城郊
- 全国重点文物保护单位

安岳城西 3 公里的大云山千佛寨,唐代为栖岩寺,清康熙年更名千佛寺,千百年沧桑,庙宇殿堂几经兴废。1974 年一精神病患者将仅存的大雄宝殿付之一炬。没了寺庙, 只剩崖上几千尊造像,后来人们便称其为千佛寨。现存摩崖石窟 105 龛,大小造像 3061 尊,开凿在南北两面山岩上, 始于隋开皇十三年（593）,题记有"开元""天宝", 晚则为南宋庆元元年（1195）,历时 600 余载,以唐宋时期造像居多,内容以药师经变图、西方三圣、一佛四菩萨、八菩萨、弥勒佛、释迦说法图等为主。

西方三圣窟是南宋在唐窟基础上改凿而成,侧壁上的造像乃典型唐代作品,主尊阿弥陀佛高 4.1 米,项后有桃形头光, 大势至与观音菩萨高 3.1 米,右壁有南宋绍熙三年（1192）安岳工匠文瑝及子师锡重修中尊题记。千佛寨近年已设立护栏, 安装红外线报警监控,以加强保护这些风化日甚的石刻造像。

西方三圣窟是南宋在唐代佛窟基础上改凿而成的　2015.10.

毗卢洞石窟

- 10~11 世纪
- 四川省安岳县石羊镇油坪村
- 全国重点文物保护单位

安岳毗卢洞在往大足方向石羊镇的厥山上。毗卢为梵语，意为"清静法深"。此地谷幽石秀，峰迴路曲，宋人依山就势在毗卢洞、幽居洞、千佛洞、玉皇阁和观音堂内开凿窟龛 20 个，摩崖造像 465 尊。

中国仅有两窟柳本尊十炼图，毗卢洞便有 1 窟，另 1 窟在大足宝顶山。唐末生于四川嘉州的柳本尊，少时即聪慧过人，终日素斋纸衣念诵《瑜伽经》，承持佛教密宗教派，设道场、收弟子，被尊为四川密宗第六代祖师。柳本尊得前蜀王王建赏识，供养三日后，赐封"唐瑜伽部主总持王"，圆寂于前蜀天复七年（907）。

毗卢洞的柳本尊十炼图高 6.6 米，宽 14 米，深 5 米，通过炼指、立雪、炼踝、剜眼、割耳、炼心、炼顶、舍臂、炼阴、炼膝 10 种苦修，来宣扬密宗教义。主尊为高 4.5 米的毗卢遮那佛，结跏趺坐于金刚力士莲花座，另有官吏、贵妇、将军、武士等世俗人物入图。最为难得的是，10 个柳本尊像中有 8 个形象几乎相同，如同一个模子出来，宋代的石窟造像工匠有如此造诣，令人叫绝。

毗卢洞的紫竹观音也是异常精美。观音造像高 3 米，悬坐于 10 米见方的峭岩石窟中，本为"水月观音"，因观音道场在南海普陀的紫竹林，此造像又背依紫竹，人们便称这尊北宋石刻珍品为紫竹观音，因其世俗味浓郁，还被称为"风流观音"。

紫竹观音头戴华贵的贴金花冠，峨眉上竖，凤眼下垂，直鼻微隆，朱唇略闭；身穿短袖薄裟，袒胸裸肘，臂戴膀圈，长裙薄如蝉翼，紧贴腰腿，飘逸自然，更显风韵动感。她侧身跷脚坐于莲台荷叶之上，左手抚叶面，右手放于膝，赤脚或悬莲台，或轻踏花蕊，神圣中透出世俗化韵味。

遗憾的是，观音造像的右手掌在"文革"中被毁，其后怎么修复，也难以恢复原

人们跳起自编的敬佛舞，向紫竹观音祈愿 2009.7.

来的匀称。早年的毗卢洞还叫毗卢寺，沿途的石窟造像延绵好几里，如今却已所剩不多。后来，毗卢洞几个石窟，被用来建了火药厂、养猪场，现在紫竹观音窟下面的一片漆黑，正是当年火药作坊熏出来的。

　　2009年农历六月初一上香吉日，发生长江大日全食，毗卢洞一早就聚集不少居士香客。天狗渐渐吞食太阳，阴沉天色中的信众们念着佛经，对着遮住的太阳祈福。日全食过后，人们又在乐曲声中，跳起自编的敬佛之舞，向紫竹观音祈愿。千年观音菩萨与她护佑的芸芸众生，一起见证这数百年难遇的天文奇观。

毗卢洞宋代柳本尊十炼图 2009.8.

宋代净瓶观音静立近千年，看众生苦乐　2009.7.

090

圆觉洞石窟

- 12 世纪
- 四川省安岳县岳阳镇金花村云居山
- 全国重点文物保护单位

　　安岳圆觉洞石窟群在云居山南、北岩长 180 余米的峭壁上，现有摩崖窟龛 103 个，大小造像 1933 尊，多为唐、五代、宋时期造像，以凿有宋代十二圆觉洞窟而得名圆觉洞。北岩三尊 7 米高的"西方三圣"像蔚为壮观，通常西方三圣是合龛为一，这里却相距 10 米分窟雕刻。正中一窟为释迦拈花微笑龛，释迦螺发肉髻，身着对领大衣，手结说法印；右侧莲花手观音龛，观音密饰璎珞，神态自如，双手相交执莲蕾于腹前。

　　第 7 号龛为净瓶观音窟，观音菩萨项后圆形头光，身后饰椭圆火焰文身光，头戴花冠，身披璎珞，左手提净瓶，右手执柳枝，赤足踏莲花，大有悲天悯人之态，右壁下方有南宋绍兴二十三年（1153）供养人题记。这 3 个窟左右壁上石刻飞天，凌空飞舞，有天衣飞扬，满壁风动的意境。

　　云居山上开凿位置较低的佛窟，包括"圆觉洞"内的佛头，在"文革"中均遭严重破坏，位置较高的西方三圣得以幸免，完好保存于世。人们有感于观音神灵，择吉日便会来挂红祈福、敬香还愿。

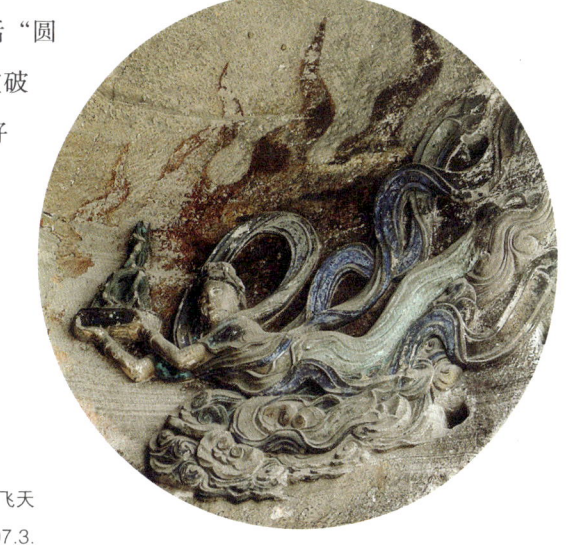

净瓶观音窟右壁上的石刻飞天

2007.3.

万安禅院石窟是中国北方少有的宋代石窟　2016.3.

万安禅院石窟

● 11 世纪
● 陕西省黄陵县双龙镇吕村
● 全国重点文物保护单位

黄陵县 47 公里外的吕村双龙山坳,始凿于北宋绍圣二年(1095)的双龙千佛洞石窟,是这片山崖仅有的佛窟,也是中国北方少有的宋代石窟。窟平面呈凸字形,由长 3.75 米、宽 2.75 米、高 3 米的甬道进入高 5.3 米,宽 9 米,进深 12 米的大洞窟,顿觉豁然开朗。窟口处凿有三开间仿木构窟檐,斗拱素枋,覆莲柱础,展现宋代建筑风格。

中央佛坛上接顶屏壁,佛坛上为趺坐莲台的三世佛;左右侧壁高浮雕 3 尊立佛和 1 尊药师佛,高近 3 米;前后壁及屏壁浮雕五百罗汉、一百徒众、千手千眼观音、文殊、普贤、地藏、十方立佛等;窟室甬道两壁,也雕有日光、月光菩萨及涅槃图。整个双龙石窟共有大小造像千余尊,宋代题记、题刻 10 余方,造像都曾施彩贴金,造型匀称,形象生动,线条洗练流畅。

2000 年 5 月的一天,千佛洞突然停电,石窟内 89 尊雕刻精美的罗汉头像,被精心策划的 4 名毛贼盗走。案件虽破,不法分子得到惩处,石窟却留下永远的伤痛。这里已更名为万安禅院,在整体环境整治和加强安保措施后,最近才重新开放。

延安万佛洞石窟

- 7~12 世纪
- 陕西省延安市城东北清凉山
- 全国重点文物保护单位

　　延安城东北延河边的清凉山有万佛寺，因半山腰开凿的万佛洞而得名。宋代范仲淹《清凉山漫兴》四首中有："凿山成石宇，镵佛一万尊。人世亦稀有，神功岂无存。"之绝句。

　　清凉山石窟依山凿石而成，主要为万佛洞、三世佛洞、弥勒佛洞、释迦洞 4 窟，初凿于隋唐，落成于宋代，元明两代都有续修。借山势而凿的万佛洞是这里最大的一窟，窟平面略呈不规则四边形，窟高 6.7 米，宽 17 米，深 14 米。窟中央有高 1.43 米的坛基，坛上造像原为三世佛及二弟子，已毁无存，现有泥塑三世佛及二弟子像，为 1985 年重塑。坛四角各有屏柱 1 根上承窟顶。坛上原立 3 尊佛像，上方窟顶凿有藻井 3 个。四壁及屏柱上雕满神态各异之佛、菩萨、罗汉和弟子像，号为万尊，故称万佛洞。窟内造像题记最早为宋神宗元丰元年（1078），还有金、元、明等朝代的造像和题记。

　　其余 3 窟虽然不大，但造像却内容丰富，形象生动。旁边的第 2 号窟，宽约 5 米多，进深 4.8 米，高 4.6 米，石窟呈敞口状无前壁。窟中正壁为三世佛及弟子像，下方为 8 尊罗汉造像；窟北壁上方为骑象的普贤菩萨，南壁上方为骑狮的文殊菩萨，狮、象前侧分别有驯狮、牵象的昆仑奴；南北两壁近窟口处，分别站立一尊护法天王像，戴盔着铠甲倚长剑。

　　清凉山上曾有新华广播电台、新华通讯总社、解放日报社，新华书店的前身新华书局，1937 年初就诞生在清凉山万佛洞石窟里。万佛洞石窟群的各个洞窟，还是中央印刷厂、纸币厂、卫生所的车间和病房，众佛菩萨多年来已习惯隆隆机器声中的油墨香。

上图：清凉山石窟第 2 号窟
　　　2016.3.

下图：延河边清凉山石窟，不远处
　　　是延安宝塔山　2016.3.

093

延福寺石刻

- 10~12 世纪
- 四川省泸县玄滩镇平安村
- 省级文物保护单位

　　泸县玄滩镇延福寺长 33 米、高 4 米的山崖石壁上，有 4 窟 24 龛摩崖石刻，造像 310 余尊。以 14 号窟最大，窟高 3.57 米、宽 4 米、进深 3.8 米，正壁主尊释迦牟尼佛趺坐莲台上，左右侧立二菩萨，及罗汉、供养人等造像共计 45 尊，窟门上飞天轻舞，宝塔庄严。延福寺造像大者盈丈，小不足尺，神态各异，内容丰富，佛道造像共存，还有宋代玄奘取经像，是迄今年代较早的携猴取经像。

　　这里的石窟造像保存较为完整，可惜近代曾被百姓妆彩，古佛神韵失去多半。前些年文物局已修庙堂式建筑遮风挡雨，保护这座石窟。延福寺地势偏远，除一些吉日个别乡邻来烧香拜佛，平时少有人迹，偶尔开门，老少村民也会过来看新鲜。

延福寺平时少有人迹，遇吉日附近村民就来烧香拜佛　2010.5.

大足北山石窟

- 9~12 世纪
- 重庆市大足区城北龙岗街道
- 世界文化遗产　全国重点文物保护单位

　　大足城边的北山古称龙岗山，山上佛湾的摩崖造像，开凿于唐代景福元年至南宋绍兴年间（892~1162）。北山开凿佛像之始，是公元 892 年唐代昌州刺史、静南军节度使韦君靖在北山营建"粮贮 10 年，兵屯数万"的永昌寨，同时发心开窟造像。随后，各地州县官吏和士绅平民等相继效法，直至五代前、后蜀年间，大规模营造佛像不断，形成大足石刻的第一个造像高潮。

　　北山石刻以佛湾为中心，遍布四周的观音坡、营盘坡、佛耳岩、北塔寺 5 处，窟龛密如蜂房，共有 264 个窟龛，经幢 8 座，摩崖造像 5000 余尊，多为世俗百姓为祈佛祝愿而出资雕刻。造像题材 51 余种，以佛教密宗为主，另有三阶教、净土宗等，都是在当时民间所流行的，为佛教世俗化的产物。

　　晚唐造像以观音及观音、地藏合龛和阿弥陀佛胁侍观音、地藏居多，造像端庄丰满，衣饰细密贴体，极具盛唐遗风。第 245 窟观无量寿佛经变相龛，雕刻有"西方三圣""西方极乐净土""三品九生""未生怨"等丰富内容，还有伎乐天人、楼台亭阁等。人物造像 539 身，各式器物 460 余件，雕刻细腻，层次分明，在中国石窟同类题材造像中首屈一指。

　　北山的五代造像是中国这一时期造像集中的地区，呈现出由唐至宋的过渡风格。宋代造像题材多达 21 种，尤以观音最为突出。最有代表性的是开凿于公元 1142~1146 年间的转轮经藏窟。该窟编号第 136 号，不对外开放，此窟内外监控 24 小时不断，足见其珍贵。造像以恬静的面部刻画表现出内心宁静，以玲珑的衣冠彰显其身份的高贵，以线造型，线面并重，极富中国民族特色。整窟造像璎珞蔽体，飘带满身，花簇珠串，玲珑剔透，肌肤似吹弹即破，且保存完好，宛如新刻，被公认为"中国石窟艺术皇冠上的一颗明珠"。

观无量寿佛经变相龛造像内容丰富，雕刻细腻，在中国石窟同类题材造像中首屈一指　2010.12.

大足北山第 136 号南宋转轮经藏窟，由左至右分别为文殊菩萨、宝印观音、白
衣观音、数珠手观音、日月观音、普贤菩萨　2011.4.

095

大足宝顶山

- 12~13 世纪
- 重庆市大足区宝顶山大佛湾
- 世界文化遗产　全国重点文物保护单位

　　宝顶山是包括北山、南山、石篆山、石门山在内代表大足石刻的五山之一。位于大足城外 15 公里处的宝顶山摩崖造像，始凿于南宋年间，在大、小佛湾四周 2.5 公里的山岩上遍刻佛像。释迦牟尼涅槃图在大佛湾内占据最显赫的位置。涅槃是佛教徒修行的最高果位境界，肉身消失进入不生不死的永恒，灵魂永远升华。

　　大足石刻中体魄最宏伟的造像，即为这尊全长 31 米的卧佛，佛容宁静安详，微合双目，头北足南右侧卧于山岩，膝部以下和双脚皆没入岩石，左肩在五色祥云中，寓意释迦牟尼佛涅槃于天地间。民间有宝顶山卧佛"头在大足，手摸巴县，脚踏泸州"之说，足见卧佛之博大气魄，历来受到巴蜀各地信众的膜拜。

　　千手观音造像，开凿于南宋淳熙至淳祐年间（1174~1252），全名为"千手千眼观世音自在菩萨"。雕凿于宝顶山几十米高崖壁上这龛造像，龛高 7.7 米、宽 12.5 米，主尊千手观音通高 3 米，慧目下视，面相慈祥，结跏趺坐于 4 力士捧抬的金刚须弥座上，如孔雀开屏般抻展出 830 只金灿灿的手臂。造像以反侧相承、上下重叠的布局，在每只手中还有一只眼，手上分别持日、月、宝剑、如意珠、宝瓶、莲花、宝镜等宝物。这尊有 800 多年历史的千手观音，也是我国最大的集雕刻、彩绘、贴金于一体的摩崖石刻造像。

　　80 年凿崖成佛，800 年佛度众生，自身却已病害缠身，为此，中国文化遗产研究院联合敦煌研究院、大足石刻研究院、北京大学、清华大学等数十个科研单位和数百名专家，2008 年开始实施针对这龛造像修复的"中国石质文物保护一号工程"。高科技与传统手段结合，反复测试，大量采用古法工艺，如金箔下红底用猪血混合硫化汞的宋代工艺。层层剥离清洗后的金箔，再以古老修漆工艺粘贴上佛身。历时 8 年精心修复，大足石刻千手观音造像，披着 100 多万张金箔重现金身。

上图：宋代释迦牟尼涅槃图在大佛湾内占据了最显赫的位置　2010.12.

下图：历时 8 年的精心修复，千手观音造像披着 100 多万张金箔重现金身　2018.5.

096

大足石门山

- 11~12 世纪
- 重庆市大足区城东 20 公里石马镇新胜村
- 世界文化遗产　全国重点文物保护单位

　　唐代乾元元年（758）大足建县，隶属于古昌州，唐光启元年（885），昌州府迁至大足，直到公元 1279 年（南宋末年）均为州治所在地。包括石门山在内的大足石刻的"五山"，就在这近 400 年间开凿完成了摩崖石刻造像。

　　石门山因两巨石夹峙如门而得名，山巅的石刻开凿于北宋绍圣年至南宋绍兴二十一年间（1094~1151）。造像崖面全长 72 米，高 3.4~5 米，通编为 16 窟，尚存造像记 20 件，碑碣、题刻 8 件，培修记 8 件及文惟一、文居道等工匠镌名。石门山为大足石刻中规模最大的佛、道结合的石刻造像群，佛教造像中的十圣观音洞、孔雀明王经变窟、诃梨帝母龛和道教造像中的三皇洞、炳灵像等，都是此类题材的代表性作品。

　　佛教造像尤以南宋开凿的第 6 号窟最为精美，此窟为西方三圣和十圣观音像。主尊为阿弥陀佛，两侧观音、大势至菩萨。窟内左、右石壁分别凿有 5 个净坛与莲化，莲台上各伫立 1 观音，两壁共 10 尊观音菩萨。但左壁最外侧之杨柳观音头，在 2004 年被盗。同为南宋绍兴年开凿的 8 号窟，为佛母大孔雀明王经变相窟。孔雀明王结跏趺坐于莲台上，头戴高冠，耳垂双珠，胸饰璎珞，身有四臂：左上手托经书，右上手托如意球，左下手持扇置于膝间，右下手握莲苞横于腹前，项后圆形火焰头光，实在精妙绝伦。

　　释迦佛、水月观音旁的道教造像也颇具特色，如第 2 号玉皇大帝龛外的千里眼、顺风耳像，或眼如铜铃，似可目及千里；或面相丑怪，张耳作细听状。此道教龛乃南宋绍兴十七年（1147）乡人杨伯高为死去的父亲杨文忻开凿，他在龛口还刻下自己作为供养人之像，头扎方巾着尖领窄袖衣，是南宋下层百姓的平常装束。

　　鬼斧神工的石门山石刻，是宋代造像精湛雕刻技艺的经典表现，也反映了宋代文化繁荣，佛教与道教文化相容并存的历史现实。2004 年石门山石刻被盗，刚退休不

上图：宋代道教东岳世家造像前走过的文管员蒋德才　2015.5.

下图：石门山第 6 窟十圣观音造像局部　2010.12.

久的大足石刻保卫科长蒋德才于 2005 年返聘到石门山作为文管员保护文物，吃住在山上 10 几年，再未发生文物失窃。现代设备也不断更新，石门山石刻现在也安装了不少的监控摄像，在 20 公里外的大足石刻研究院监控室，无论白昼都能掌握石门山文物状况。

佛母大孔雀明王经变相窟
2010.12.

097

潼南大佛

- 10~12 世纪
- 重庆市潼南县城西定明山
- 全国重点文物保护单位

潼南大佛阁，为明代所建的七檐歇山式建筑，高 33 米的大佛阁内，有一尊依山开凿的弥勒佛坐像，通高 18.43 米，头长 4.3 米，耳长 2.7 米，俗称为"八丈金仙"，周身贴金，金光灿灿。善跏趺坐的弥勒大佛，头系螺髻，着双领袈裟，左手置于膝间，右手平胸施无畏印，形态庄严肃穆，双目炯炯传神。

潼南大佛始凿于唐朝末年，先凿佛首，眉眼五官初显时，没了银两只好中断。北宋靖康丙午年（1126）间，一个叫王了知的道士见佛头孤零零在空旷的崖壁上，便募来工匠开雕佛身，至南宋绍兴二十一年（1151）全像竣工。前后历时 200 多年，由僧人、道士先后主持开凿，造像协调一致，实为难得。

潼南大佛历史上曾妆金多次，大佛完工第 2 年，就有时任泸州知府的潼南人冯辑与友人邓利成捐出数十斤黄金贴于大佛，续有清代嘉庆七年（1802）、清代同治九年（1870）、民国十一年（1922），潼南县人共计 4 次为大佛贴金。2010 年 5 月 26 日，潼南大佛寺又启动规模空前的千年大佛第 5 次穿金盛典，先对大佛进行修复保养，在进行贴金，历时近三年。

修复保养工程启动之后，我曾顺着脚手架爬上了大佛顶。大佛脸上的金箔早已脱落许多，楠木眼珠却依然有神。头顶上工作人员正在修复大佛的螺髻，原来 166 个硕大螺髻，已残损不少，得用古法复制还原。

以大佛为中心，在东西数百米的崖壁上，遗存有历代墨客骚人的题记、诗咏等，还有儒释道造像 104 龛、700 余尊。多个年号的洪水题记尤其珍贵。集各历史时代洪水题刻于一处，比较历次洪水在境内的高程，对探索古代洪水的演变规律有较高的科学价值。

上左图：工作人员正在对大佛的螺髻进行修复　2011.3.

上右图：正在修复中的大佛，脸上的金箔虽已脱落许多，但楠木眼珠依然有神　2011.3.

下图：重新修复贴金后，金光闪闪的潼南大佛　2018.5.

098

石佛石摩崖造像

- 11~12 世纪
- 四川省蓬安县南燕乡水口村
- 县级文物保护单位

嘉陵江边的蓬安县，是汉代文学家司马相如的故里，城外 40 余公里南燕乡丘陵山沟里的水口村，在吕家垭口一座开凿摩崖石刻的大石包，当地人称石佛石。这座巨石上造像面积有 16 平方米，保存稍好有 4 龛平顶龛，大小 20 余尊造像。其中最大 1 窟，为窟高 2 米的 2 号龛，乃一佛二弟子二力士造像，主尊坐佛高 1.3 米，立像均高 1 米。另外窟高 1 米的 1 号龛，残存风化较大的佛像 4 尊，窟高 1.5 米左右的第 3、4 号龛内，开凿有佛教、道教造像 6 尊。因石窟地势较低，于田间地头受自然风雨和湿热影响，风化较为严重，有两窟已难辨形迹。雕刻质朴粗犷，极具民间意味，其造像风格应开凿于宋代。

水口村地处偏僻乡村，交通尤为不便，石佛石摩崖造像 2010 年在全国第 3 次文物普查中才被发现。四周村民居住分散，以欧姓为主，至今专事传统农耕，难得有外面的人进来，他们显得热情又好奇。

居住在石佛石附近的村民对外来者热情又好奇　2013.3.

泸县玉蟾山明代千手观音

2009.10.

第五章

元 明 清

空 山 传 绝 响

元明清时期，中国佛教石窟雕刻日趋衰落，

这一时期已经少有新的石窟出现，

大多都是在原有石窟基础上修护、妆彩和贴金，

造像工艺也缺乏创造，

造像水准不高。

元代是中国历史上由少数民族统治的时代。元朝统治者崇信藏传佛教（喇嘛教），元世祖曾封喇嘛教法王八思巴为"国师"和"大宝法王"，据《元史》记载，元代曾设立"梵像提举司"，在"匠作院"中分设石、玉、木等局专司造像，喇嘛教造像颇为盛行，反映了元代对佛教造像也有一定程度的重视。元代的佛教石窟造像，除敦煌莫高窟和肃南马蹄寺等地遗有少数元窟塑像外，仅杭州灵隐寺飞来峰石窟。

　　元代灵隐飞来峰广造龛像，皆因时驻杭州者为都总统杨连真伽倡信喇嘛教的缘故。虽夹杂不少造型怪异的密宗像，大体仍承袭宋代的传统，如 1 号龛毗卢遮那佛和文殊、普贤菩萨组成的华严三圣；28 号龛阿弥陀佛和观音、大势至菩萨之西方三圣；43 号龛多闻天王骑狮像。1363 年，明玉珍在重庆称帝建立"大夏"政权，改元"天统"，禁儒、道两教，却对佛教之弥勒佛尤为推崇，令司徒邹兴监造了一窟弥勒大佛，位于重庆南岸弹子石。主尊是高 7.5 米善跏趺坐的弥勒大佛与两个弟子，这是中国少见的元代石窟大佛。但是，元代造像整体上造型拙稚臃肿，比例失调，宝冠繁缛琐碎，衣纹质感不足，呈现宋代以后中国佛教石窟雕刻日趋衰落的景象。

　　相对元代，明代中国石窟造像要稍微活跃一点，仅有敦煌莫高窟、永靖炳灵寺、张掖马蹄寺及巴蜀、桂林等地一些零星窟龛造像，但也有泸县玉蟾山、庄浪云崖寺这样硕果仅存的较大规模石窟群。少有开凿的明代石窟，其造像水准不高，造型呆板，雕工粗糙，在艺术上的价值已是微乎其微。经过宋末的战火与元朝的禁锢，明代是中国石刻艺术史上一个重要转型期，由于城市工商业和世俗生活的进一步发展，由南北朝时期兴起的佛教石窟造像艺术，转而以兴建石桥梁、石牌坊为主。城市寺庙中除佛、道造像以外，其他神庙如城隍、土地、关公等也逐渐繁多，而远离城市的山崖，佛教石窟雕像就大大减少甚至绝迹了。

明清时期，人们往往热衷对旧时的佛像培修、妆彩和贴金，少有兴趣去新开凿造像，今天看起来还流光溢彩的巴中南龛石窟，就是清代妆彩的。明清以来，石刻造像以圆雕佛像占据主流，再难得有石窟开凿。

清代是中国封建社会的最后一个朝代，也是走向下坡的时代，多数是模仿前代，缺少创造精神。统治者利用宗教约束人的传统手段有增无减，但佛教石窟开凿却已罕见。因为城市市民经济的不断发展，城镇中的神庙愈来愈多，对离开城镇的山区去开凿石窟已不适应。同时，社会对于佛教偶像的供奉也化整为零，中小地主自建佛堂、泥塑、木雕、玉瓷的佛像观音盛极一时，以集资形式兴建浩大的石窟开凿工程，已经不合时代需要。

上图：我国元代佛教造像遗存甚
少，飞来峰却集中保留了大
量元代造像　2011.12.

下图：飞来峰第61龛元代梵式尊
胜佛母　2011.12.

099

灵隐寺飞来峰石窟

- 10~13 世纪
- 浙江省杭州市灵隐寺飞来峰
- 全国重点文物保护单位

灵隐寺一带的山峰怪石嵯峨，古时来华的印度僧人慧理称："此乃中天竺国灵鹫山之小岭，不知何以飞来？"，因而称为"飞来峰"。石灰岩地质构造的飞来峰，与四周之山迥异，可谓无石不奇，无树不古，无洞不幽。飞来峰雕凿有从五代至宋、元时期的石刻造像470多尊，其中保存较完整的有335尊。青林洞入口靠右的岩石上，是此间开凿年代最早的阿弥陀佛、观音、大势至菩萨之西方三圣像，乃五代时期（951）所造。青林洞口外壁上的毗卢遮那佛和文殊、普贤造像之华严三圣像，是杭州最早的元代石刻造像。

我国的元代佛教造像遗存甚少，这里却集中保留了众多的元代造像，在中国佛窟史上占重要的地位。元代佛窟共有67龛，大小116尊造像，题记清晰可辨的19尊，雕凿于青林、玉乳、龙泓、射旭、呼猿诸洞内外及沿溪峭壁上。其中梵式46尊，汉式62尊，其余8尊是受梵式影响的汉式造像，大者3米高，小者亦1.5米左右。造像题记始自至元十九年（1282），止于二十九年（1292），均为元代江南释教总统杨琏真伽为首的僧侣和世俗官吏所造。

元代开凿的窟龛以方形和长方形居多，也有凸字形和半圆形的。汉式题材以佛、菩萨和罗汉为主，喇嘛教造像则以多臂菩萨、欢喜佛、救度母等为特色。佛像高耸螺髻，袒露右胸和手臂，菩萨则佩戴宝冠、披薄纱或裸上身，在保留唐、宋传统的基础上，又融合藏、蒙民族风格，是一处重要的汉、藏文化交流的见证。

弹子石石窟

- 14 世纪
- 重庆市南岸区弹子石
- 全国重点文物保护单位

重庆大佛寺位于南岸区俗称弹子石的小山，在临江崖壁上开凿有一个窟高 8.5 米，宽 5.5 米，进深 2.5 米的石窟，高 7.5 米的弥勒大佛，面朝长江端坐其中，两侧侍立近 2 米高的胁侍弟子。大佛高眉慈目，平视远山远水，俯瞰历史长河。

元末天下大乱，1363 年红巾军将领明玉珍统一全川建国，定都重庆，号为大夏。因川江滩险浪急，水患频繁，民间流传对岸酷似人头的山上，有妖魔作怪。为镇水妖，明玉珍命大将邹兴在长江南岸凿此大佛以保佑平安。邹兴凿造临江大佛后，明永乐十九年（1421）又在山上凿造 5 尊佛，此地逐渐形成有大雄宝殿、观音殿、玉皇殿等占地 30 余亩的大佛寺，如今仅存弥勒大佛和五佛殿。

大佛有独特的水文价值。每到春夏江水上涨，佛脚必浸入水中，成为长江洪水的水位标志，民间曾用大佛洗脚、大佛洗手、大佛洗脸来说长江水位的状况。

弥勒大佛高眉慈目，平视远山远水，俯瞰历史长河　2014.12.

大足千佛崖

- 15 世纪
- 重庆市大足区三驱镇千佛崖
- 市级文物保护单位

　　大足石刻除了纳入世界文化遗产的宝顶山、北山等五山外，在周围许多乡村还有历代开凿的石窟造像。在三驱镇一个名叫千佛崖的山沟中，几个横亘在田地间的硕大石包上，就有明代开凿的数十窟摩崖石刻造像。千佛崖必定有千佛造像，但这里却不是通常雕凿于佛龛的后壁与两侧，而是沿着石包在齐人们头部位置，刻成巴掌大小的一尊尊坐佛，一字长龙般整齐排列在大石包中间，隐入田野，一眼望不尽。

　　一大早，刘婆婆又扛着锄头下地了，从年轻时嫁到这沟里，几乎天天从这个佛龛前走过，佛像愈来愈模糊，自己也一天天变老。这个高约 4 米的佛龛，是明代永乐年间（1403~1424）开凿的华严三圣窟，3 尊主像下部隐于众佛众生中，似坐似立。毗卢遮那佛居中，两侧是文殊菩萨与普贤菩萨，飞天飘动，梵音和鸣。

刘婆婆几乎每天都从这个佛龛前走过，佛像愈来愈模糊，自己也一天天变老　2011.3.

石佛寺摩崖造像

- 15 世纪
- 重庆市大足区棠香街道三合村
- 市级文物保护单位

　　距大足南山石刻群约 5 公里的石佛寺摩崖造像，位于丘陵山中的三合村寨子坡的几个大小石包上，现存摩崖石刻 22 龛，造像 162 尊。题材主要为观音、地藏、西方三圣、七佛、十六罗汉等，雕刻为明代简略风格，石壁刻有明代"永乐十四年"（1416）等造像题记。这龛护法神韦陀造像，头戴凤翅兜鍪盔，足穿乌云皂履，身披锁子甲，手持金刚降魔杵，威风凛凛立于石窟中。

　　庙为山野小庙，像乃乡土民间造像，只有附近村民遇吉日去拜一拜，烧几支香。多年前人们还会给佛像妆新彩，韦陀此身色彩即是。但为保护文物原貌，如今已不允许上色妆彩。

庙为山野小庙，像为民间造像，只有附近村民遇吉日去拜一拜，烧几支香　　2011.3.

苟王寨摩崖造像

- 15~16 世纪
- 四川省洪雅县将军乡拳石村
- 省级文物保护单位

　　苟王寨位于洪雅县城 20 公里外寻龙溪白象山的悬崖半腰的古栈道上。明代蒙古大军攻陷成都后，洪雅、夹江一带军民数千人逃入苟王寨，依山据险抵抗蒙军，寨陷后即遭屠城，一时血流成河。此后百年间，附近乡间一直有"雨夜鬼哭"与"半夜鬼火"之传说。据《苟王寨修造记》所述，"天阴雨则鬼夜哭，弘治初，居人凿大士像于壁，遂不复闻"。明弘治初年（1488）至明嘉靖四十三年（1564）的 76 年间，人们陆续开凿 30 龛 94 尊摩崖造像，雕凿三佛、释迦成道、十八罗汉、观音、地藏、真武、三圣、十殿阎君等造像，以儒释道三教汇同，超度抗蒙军民亡灵，抚慰忠魂。

　　62 岁的王俊珍和老伴龚万云一直看护着苟王寨石刻。老龚时常下山干点活，孤独的王婆婆就养了一群羊，早上羊群自己下山，下午 5 点，她在山崖边叫几嗓子，贪吃草的羊群就会乖乖地回来。

以超度抗蒙军民亡灵，抚慰忠魂而开凿于古道绝壁上的
摩崖造像群　2014.3.

104

三仙洞石窟

- 16 世纪
- 四川省安岳县高升乡洞库村
- 省级文物保护单位

　　安岳高升乡是一个很偏僻的乡场，三仙洞则位于更偏远的离县城 38 公里外的彭家坡，是连村级公路都无法到达的地方，因供奉儒释道三教神灵于一处，被称为三仙洞。题刻有载："三仙洞昔之龙门观也，明天启、万历间，邑人窒治轩建，道人李焕宗复凿儒释道三教合奉一堂。"三仙洞共有 6 个窟龛，造像有 252 尊，尤以儒释道三教合龛、地狱变造像和道教太乙救苦天尊最具特色。

　　这窟佛教造像，雕刻三世佛和观音、大势至菩萨，慈祥和蔼又不失端庄，背屏深浮雕与镂空雕刻结合，精细传神，而窟顶却是太极图，已然融入道教文化。在佛教传入中国后，经过漫长岁月的磨合，与本土宗教文化之儒、道二者，由相斥走向相融，且认同了石窟艺术为传教的至优载体，体现民间"佛道共崇"的宗教文化。

　　众多完备的神系造像，把佛教之佛、菩萨和道教的神仙体系与四川民间神灵融合，形成了宗教信仰多元化。神仙共处一窟和谐相安，信众百姓在这里共同祈福，也不在意拜的是哪方神圣。农历十月十五，附近乡村百姓又来三仙洞做会进香。这些年，中国各地农村基本如此状况，乡村留守的，差不多都是老少妇女们，庙会更是难见年轻人了。

上图：农历十月十五，附近百姓来三仙洞做会进香　2014.12.

下图：神仙们共处一窟，百姓在这里共同祈福，也不在意拜的是哪方神圣　2014.12.

农历六月十九的玉蟾山观音庙会，泸县周边的善男信女都会赶来祈福上高香　2010.7.

105

玉蟾山摩崖造像

- 15 世纪
- 四川省泸县玉蟾山
- 全国重点文物保护单位

泸县城外 1 公里的玉蟾山怪石嶙峋，山上金鳌峰岩壁上，开凿有以千手观音为核心的摩崖造像群。玉蟾山明代石窟，大大小小共有 71 龛，414 尊石刻造像。题材主要为千手观音、释迦说法、九龙浴太子、悟道图、十八罗汉漂海图等，石壁上有明代"景泰六年"（1455）"永乐二十二年"（1424）等题记。玉蟾山第 19 窟千手观音窟规模最大，千手观音造像高 5.6 米、宽 3.6 米，进深 1 米，雕刻 11 个头、36 只手，如同孔雀开屏一般展开，皆手执不同法器，如金刚轮、如意宝珠、宝剑、杨枝等，其后再浮雕千手，眼睛刻于手中，如光芒般辐射四方。

玉蟾山每年农历六月十九的观音庙会，自古就热闹非凡。观音会期，泸县周边的善男信女都从各地赶到玉蟾山，祈福上高香。十八日当晚子时，人流达到最高峰，一直要到六月十九的下午才陆续下山散尽。

由于元代对汉传佛教的压制，佛教石窟造像已是明日黄花。明代佛教造像开始转为圆雕形式为主，造像雕刻较为呆板生硬，再难有唐风宋韵的回味悠长。川南玉蟾山开凿的石窟是硕果仅存，对于研究佛教文化的发展延伸和区域历史文化有重要的价值。

明代悟道图　泸县玉蟾山　2010.7.

丹霞洞中望大佛，雕凿质朴的大佛其实有很多奇异之处　2018.5.

106

八仙山大佛

- 17~18 世纪
- 四川省宜宾市屏山县龙华镇八仙山
- 省级文物保护单位

　　龙华镇偏僻大山深处，10 多年前新发现一尊 32 米高的摩崖石刻大佛，因地处八仙山的丹霞峭壁上，称为八仙山大佛。大佛身着袈裟端庄肃穆，左手当胸，右手下垂，手心向外，为接引佛造像。雕凿质朴大方的八仙山大佛，有着诸多奇异之处：首先，站立之佛却无脚，大佛下面尚有几个规则圆孔，应为开凿时的架孔，或因战乱匪患成为未完工之作；其次，没有佛像头部通常的高肉髻、垂肩之耳改为了招风耳；再者，佛像肩上没有哲那环和搭钩；另外，颈上没有三道蚕纹颈线。除此之外，按佛教仪轨，佛像是不戴手镯的，菩萨才戴手镯，这尊大佛却戴了手镯。或许，这是开凿造像者的自我创造，赋予其浓郁的民间风貌。

　　大佛左侧石壁上，还有 4 个人工开凿的丹霞洞穴，分别为燃灯洞、关圣洞、三清洞和三圣洞，另有玉皇洞等 3 个不大的石窟。这些丹霞洞窟群都是清代道光辛丑年（1841）陆续开凿，洞中一系列的中国本土道教和儒教的神仙造像，和八仙山大佛连成整体，儒释道三教共存一地。这里经年香火不断，村民游客也不在意拜哪方神仙，只为求得内心的慰藉。

南充凌云山正在开凿的阿弥陀佛造像

2012.8.

第六章

民 国 至 今

悠 然 有 余 音

五四运动后，一批留学生学习了西洋雕塑艺术回国，

使中国的雕塑造像从内容到表现手法上都发生了很大的变化，

主要以兴建纪念碑，纪念像为主，

传统的耗时费钱的石窟造像基本消亡。

20 世纪 90 年代后，随着经济的繁荣和旅游的兴起，

一些地方又开始修复或新建佛教造像。

"五四"新文化运动，在"科学"与"民主"的旗帜下，逐渐形成一场冲击封建文化和封建传统观念的思想解放运动。以"美育代宗教"等思想对文化艺术创作产生很大影响，力求在内容上更贴近人们的现实生活，发挥思想启蒙作用。一批留学欧洲、日本学习西洋雕塑的留学生回国后，在国内美术院校开设雕塑科、系，中国的雕刻造像在内容和表现方法上都很大的变化，市民经济进一步发展和思想观念的更新，传统的耗时费钱的石窟造像，就基本上在中国消亡了。

　　1949年前，石刻造像主要是各地兴建的孙中山和民主革命家纪念像、抗日战争烈士的纪念碑和造像，并产生了一批知名雕塑家。传统的佛教雕刻造像在中国更加难得一见，仅巴蜀时有零星造像，稍具规模的只有1930年开凿的潼南马龙山摩崖造像——全长36米的释迦牟尼涅槃图。西藏等地虽然有个别的雕刻兴造，但已经不是主流。

　　1949年以后，较大的雕刻造像活动是1958年兴建的人民英雄纪念碑、北京农业展览馆的两座群像，融汇中、西方雕刻技法，创造出新的民族雕刻艺术风格。1982年，全国城市雕塑规划组和全国城市雕塑艺术委员会成立，领导全国城市雕塑创作活动，全国各地兴造了很多纪念碑、园林环境雕刻和名人纪念造像。

20 世纪 90 年代后，因为经济的繁荣和旅游的兴起，国内一些地方又开始修复或者新建佛教造像。1994 年和乐山大佛同在凌云九峰的东方佛都落成开馆，汇集各地经典佛窟造像数千尊，四川美术学院雕塑系教授和众多石刻工匠参与开凿，现为 4A 级旅游景区。同年，广东佛山市一尊石刻大佛在三水森林公园隆重开光，长 108 米、宽 18 米，号称我国第一大卧佛，后又在附近的山中开凿有上百尊佛像的龙山石窟，因资金短缺和交通不便导致龙山石窟荒废至今。2005 年开始，大足人杨洪良和他父亲受当地商人邀请，带着老家的几十个石匠，在南充凌云山开凿一尊 99 米高的阿弥陀佛和两旁的万佛岩，至今尚未完成；2007 年，山西太原市对开凿于北齐的无头蒙山摩崖大佛进行保护和开发，加固佛身，参考太原出土的北齐佛头，新造了高达 12 米的佛头在佛身上……

　　佛教自魏晋传入中国以来，佛教石窟造像也一路兴盛，似步步莲花绽放在中华大地上。一千多年来，花开花谢，石窟造像这朵至美莲花在近代渐渐凋零。然而，岁月留痕，佛窟造像成为了雕刻在石头上的"史书"，这部承载着中华文化的厚重之书，作为珍贵的物质文化遗产，必将是人类共同珍惜的宝藏。

马龙山卧佛

- 20 世纪
- 重庆市潼南县卧佛镇马龙山
- 市级文物保护单位

　　马龙山卧佛位于潼南县卧佛镇的马龙山太阳坡，始凿于民国 19 年（1930）春，次年完工，是我国开凿年代较晚的巨型释迦牟尼涅槃图。佛身全长 36 米，头长 9 米，面阔 5.4 米，手掌长 3.8 米，胸宽 7.5 米，头枕莲台半身裸露右胁侧卧。卧佛头饰螺髻，面颊丰满，凝眸半闭，形态庄严肃穆，令人望而起敬。佛头为九龙所托，莲台下长方形水池旁圆雕石龙口吐清泉，乃九龙浴太子。百姓视此甘泉为圣水，敬香后都会来池边取水，或喝或带回家。佛头后有高 4.45 米的护法力士，地上排列许多半身像，乃民间传说佛祖的九男二女。

　　庙宇在"文革"中被拆除殆尽，佛龛毁损，卧佛也被草湮土埋。直到 1983 年全国文物普查，马龙山卧佛才拨开荒草被发现。因露天风化严重，2002 年修建卧佛寺为卧佛遮风挡雨，但人们再也不能远眺气势恢宏的巨型卧佛。

卧佛凝眸半闭，形态庄严肃穆，令人望而起敬　2012.9.

凌云山大佛

- 21 世纪
- 四川省南充市高坪区凌云山

随着传统文化的复兴，以及佛教信仰在当代社会的传播，一些地方又开始开凿石窟。2005 年，大足人杨洪良和父亲受南充韩姓商人的邀请，带着大足老家的几十个石匠，长年驻扎凌云山，开凿这尊 99 米高的阿弥陀佛和两旁山崖的万佛岩。

十年过去了，老杨的父亲已去世，石匠也换了几批，铁锤、铁凿硬生生地从山顶往下面开凿了 60 多米，凿下了数万立方米的石头，现在大佛才齐腰，预计还要好几年才能完工。杨洪良的两个儿子杨玉苹和杨金茂，进入四川美术学院雕塑系与油画系学习，然后回来帮助父亲完成这尊世界上最高的阿弥陀佛站立像。一门三代大足石刻艺人，十几年默默无闻在山间开凿，如同他们的先辈一样，就这样传承着大足石刻的精湛技艺……

开凿中的凌云山大佛　2013.4.

名 家 话 妙 相

袁蓉荪的摄影

—— 非对象化摄影

　　几年前，听四川的朋友说袁蓉荪一直在拍石窟，拍石窟中佛的造像，对此我并未特别关注。拍石窟拍佛像的摄影师多了，袁蓉荪又能怎样？

　　不看则已，一看竟被深深地吸引。在他的看似以佛与佛窟为主角的摄影作品中，目所以川的却是你中的中绘世界，他的情为北佛乐你乐在。他的摄影作品跳出了以往人们拍佛窟的窠臼，开辟了一片新的摄影天地。

　　我将他走的这条摄影之路，称之为"非对象化摄影"。

　　何谓"非对象化摄影"呢？要说清楚这个问题，需要明了什么是"对象化思维"。这种思维方法把世界万物看作是在我面前供我认识的对象，我是主体，物是客体。客体的形象反映到主体的头脑中，由我来认识，这是一种很普遍的思维方法，大部分人也是这样思维的。其实只要我们有自我意识，我们就会自然地把自己与世界对立起来。当然我们也有"忘我"的时候，那时候我们就与世界打成一片，忘记了我与世界的对立。但是这种状态摄影师可能也忘了摄影。

　　对象化摄影就是我们大多数摄影人通常所进行的摄影，也就是人们惯常所理解的摄影。这种摄影就是把"镜头对准要拍摄的对象的摄影"。我要拍张三，当然要站在张三对面，举起相机，把焦点对准他的脸，调好光圈、速度，按下快门；我要拍珠峰，就要选好位置，这个位置一定是对着珠峰，因为珠峰是我拍摄的对象……

这种摄影的确也产生了许多好的摄影作品。因为摄影师把镜头紧紧地对准了要表现的对象，因此对象的一举一动、美妙瞬间、奇特光影都被摄影师抓住，表现得淋漓尽致。可以说在"对象化摄影"的这个方向上，摄影师们已经上天入地，创造了无数优秀的作品，这些作品已经构建了一个摄影的王国。

持"对象化思维"方式的摄影人，有一个弱项：由于其被对象紧紧地缠住，因此他看不到摄影对象与世界的联系，拍出来的是孤零零的意义缺失的影像。我们知道：任何一个事物，你只有把它放到结构中才能看到它的意义。

"对象化思维"的局限对摄影的影响是深远的。摄影的思维要突破，摄影的道路要开辟。

那么，什么叫"非对象化思维"呢？持"非对象化思维"观点的人认为：所谓外在于我们的、客观的认识对象，其实是我们利用感官获取的一些感觉材料构建出来的东西。这种构建出来的对象，并不在意识之外与我们相对，它就在思维之内，是主观的东西。

持"非对象化思维"观点的摄影师认为，所谓的认识对象并不是外界反映到我头脑中的，而是我利用自己在外界获取的一点点感觉材料，构建出来。这个构建过程中，我以往的人生经验，当下的直观，以及对未来的期待，尤其是自己感觉器官都参与了这个构建过程。既然对象是我构建的，不是外面世界印到我头脑中的，那我为什么不去主动构建呢！可以采取各种手段，去构建事物的各种形象，用微距、广角、长焦……甚至用 X 光机、显微镜……

而且，持"非对象化"世界观的摄影师，他知道他看到的东西与自己过去的生活世界相联系，与自己过去的经验和对未来的期待相联系。他知道他所经历的任何事件都没有在他的经验世界里消失，只不过是拖着一个个长长的彗星一样的尾巴慢慢地隐藏到了意识深处。他知道：对任何一个对象的把握都以一个世界为背景。任何一次认知，实际上涉及的都比这一次认知所直接涉及的东西要多。

用这种观点去指导摄影的话，要清楚这个对象是我头脑中建构出来的，不是客观事物在我头脑中的反映。我的头脑是建筑师，不是镜子。你不要把目光紧紧地盯住对象，而是要思考对象是如何建构出来的，你要去寻找"比这一次认知多出来的东西"。袁蓉荪就是这样做的。

你看他拍乐山大佛，他的焦点却不在大佛，而是聚焦在江边的一位在江水中洗菜的妇女身上，那位妇女聚精会神地把装满鲜绿青豆的竹篮浸到水中淘洗。江水浩荡，冲洗着青豆……洗菜的妇女不知道摄影师的存在，只是在洗菜，大佛坐在江对岸的山岩上，目视着江水的流淌、人间的日常……．

他拍四川安岳县的唐代释迦牟尼涅槃图，是这样拍的：释迦牟尼侧卧在那里，神态静穆安详。但是从画面构图看，释迦佛是背景，卧佛前面是一排烧香拜佛的信众，而占据画面中心位置的是两个手持竹耙的村民，她们在通往佛的石板路上晾晒稻谷，旁边稻田里还有一位正在收割的农民。这幅作品构图充满张力，但这不是此图的妙处，妙在拍佛却不以佛为对象，而是拍摄在佛注视下的人的生活……

他许多拍佛的照片，也是如此，表面上看佛总是被人"抢镜"：一个身着红色连衣裙打着红伞的姑娘闯入了画面……两个年轻的工程技术人员扛着测量用的水准仪和标尺，站在了佛的前面。他拍摄更多的画面是佛像、佛窟在田野中，农夫、农妇在"神"的目光下耕作、照料着土地……

为什么要有"神"呢？"神"是人的世界组成部分，是人的生存的一部分，人生有许多问题，不是人能解决的，需要有个"神"。人生有许多痛苦，需要得到安慰和平抚；人的生存需要希望，"神"给你希望；人生有许多思考，思到极致是无法解决的，这时也需要"神"，连牛顿这样伟大的智者最后都需要一个"神"，帮他解决第一推动力的问题，况芸芸众生乎。

为了礼拜"神"和"神"交流，人们经过世世代代的努力，建立了各种宗教，还建造起石窟、寺庙、教堂，并在其中安置了"神"的雕像等。尤其是历史上的佛教石窟，供奉了大量佛菩萨的造像，许多摄影师以此为对象拍摄了大量的图片，但这些作品大多数是以佛的造像为视觉中心拍摄的。有些作品拍出佛作为雕塑作品之美；有一些拍出佛作为雕塑创作的演变过程的学术价值；有些拍出佛的造像在历史岁月中从繁华到衰落的沧桑之美，但是，佛窟造像之本质在哪里呢？

佛在雕像中吗？佛为何样？那些凿在岩壁上，雕在石窟中佛的造像，显然是人们按照自己的理解和想象雕刻出来的符号，是用来指称佛的符号，这个符号是人造出来的。袁蓉荪不仅拍佛的造像和信众，还拍摄了佛像雕凿过程和保护维修的图片。

其实信众也深知这一点，否则，我们就无法理解袁蓉荪的图片中所展示的这样一些画面：供奉佛像的石窟成了堆放柴草的地方……烟熏火燎的灶房成了佛像的所在，四川安岳县孔雀明王的造像就在当地人周世夏家的厨房中。

我们知道伊斯兰教无神像，没有偶像崇拜，但这并没有影响他们的信仰。当成千上万的伊斯兰教的信众们跪地礼拜时，他们心中神的形象是什么样子呢？他们心中有神，但他们心中无神的偶像。

真正的佛是不在石窟造像中，也不在以佛和石窟为对象的摄影图片中。佛在信众的心中，在信众日常的生活世界中，佛是百姓日常生活中的一部分，佛已经成了信众生活的一种背景。在摄影中，把佛拍成了背景，这是不是说佛就不重要了呢？不，真正重要的东西恰恰是让人们注意不到的背景。佛在田野上，佛在厨房里，佛在寺庙中，佛是佛的时候是不需要对象化的。

袁蓉荪深知这一点。因此，他的主题是佛的造像和雕凿有这雕像的石窟，但是他的镜头并没有仅仅盯着佛的造像和佛窟，也没有把佛像和佛窟始终作为焦点，而是把佛窟在我们生活中的本来面目表现出来，把人和佛像的关系揭示出来……

我们一旦把佛拍成一个对象化的作品，照片中的佛已经成了摄影的对象或者观看的对象，佛就不是佛了。把佛变成对象的摄影，捕捉到的只是佛消隐后留下的躯壳。

袁蓉荪没有把佛变成躯壳。

这是袁蓉荪的独特之处。

单之蔷

《中国国家地理》执行总编，中国科学院地理科学与资源研究所研究员，中国地理学会出版委员会副主任，北京大学科学传播中心特聘研究员。

陈　锦

别样 “风景”

　　认识袁蓉荪近三十年了，当初与朋友们一道都称呼他 “小袁”，一方面我虚长他几岁，视其为圈子里的 “小兄弟”；另一方面他总是给人精力充沛、谦和儒雅、真诚而又特立独行的印象，如此称呼倒还多了几分亲近的意思。不曾想这一声 “小袁” 竟还叫了几十年，老大不小五十开外的人，圈了内外早就有人叫他 “老袁”，更多的人已经称他 “袁老师” 了，还由于这些年他致力于巴蜀地区乃至全国的摩崖石窟的追踪拍摄，毫不夸张地说，无论在深度还是广度上，至今尚无人能出其右，因此，大家伙又送给他一个雅号——“袁石窟”。

　　据我所知，小袁早年也是学美术出身，师从名家，又经专业院校浸染，绘画、书法、篆刻甚或园艺、装潢……均有涉猎，如此丰富的艺术阅历和深厚的文化功底，初入摄影时便出手不凡。当年他镜头中那些美轮美奂的风光大片，即便今天拿出来都还会亮瞎人的眼睛。后来看似偶然的机缘，对摩崖石窟情有独钟，以十年光阴之付出，将其作为既定摄影创作对象。拍摄过摩崖石窟的人很多很多，远的不说，我也曾拍了不少，与多数拍摄者大致相似，无非是一些记录：或作为资料留存、研究之参照，或作为鉴赏对象、摹写之范本，更多则作用于旅游的宣传推广……只要将对象表现得真实自然、细致入微即可——可想而知，多是些千人一面、无主观创意、浮光掠影似的应景之作。同样是拍摄摩崖石窟，小袁对于石窟的认知和摄影创作定有其独到之处，否则大家也没有理由对他十年付出的成果如此推崇备至了。

那么，我们从袁蓉荪的摩崖石窟影像中看到了什么不一样的"风景"呢？

记得有位著名画家曾感慨：摄影这玩意儿，"客观"容易"主观"难！言下之意即是与绘画相比较，客观记录是摄影的长项，主观表达则受到创作工具的局限，不如绘画的任意挥洒、天马行空……

没有主观表达的客观记录还算是摄影艺术吗？答案是否定的。显而易见，无论所谓传统摄影还是当代摄影，主观的洞见与创意是摄影立于艺术之林的基本条件，与其无端地将"局限"归咎于创作工具，不如努力提升摄影师自身的艺术理念。用摄影这种长于客观记录的创作手段既尊重被摄对象的真实存在而又达到了主观表现的目的，袁蓉荪在他的摩崖石窟影像实践中为我们提供了非常有教益的范式。

不妨从三个方面做一些粗略的概括：

其一：立项

在我们周围确实有不少搞摄影勤勤恳恳几十年的所谓"老法师"，胶片岁月里常自吹剥下的胶卷盒可以堆一大屋子，当下数码时代，相机快门会按到手软，累积的影像数据量更是如浩瀚汪洋，随手晒上几张"艺术大片"足以让人提神醒脑。但是，拍了一辈子，如若不曾有过对自己创作方向的明确规划和艺术理念的清醒认知，终归是东一榔头西一棒子，到临了拿不出几组成系列的具有独特视角和强烈个人符号化的代表性作品来。与其豪掷数十载光阴攫取不计其数难成体系、杂乱无章的即兴之作，不如倾其一生选定二三主题，脚踏实地深入挖掘，标新立异而后自成一片天地。这个时代要求成熟的摄影师一定要有明确的创作指向和个性化的影像语言，将每一个主题的表达都视作是在完成一项重大工程，首先要为自己的创作行为"定标立项"。

小袁是个明白人，从一开始摩崖石窟的摄影创作就知道自己要做什么、该如何去做。这当然得益于他对自己的创作行为有了清醒的认识和明确的"立项"，以题材的专一性、主题的明确性及表现形式的一致性为基准点，向最终成功迈出了坚实的一步。

其二：虔心

袁蓉荪选择的是一个关乎宗教教化和艺术审美并举的拍摄对象——摩崖石窟，该题材虽然不是唯一却有其特殊性，无论小袁自身信仰何为，他知道要处理好这样的特定题材虔心方为用心，须用虔诚之心。

众所周知，佛教发端于印度，东传至中国经千百年来的本土化改造形成今天的中国式佛教。我曾经亲往印度考察过包括世界文化遗产阿旃陀和埃洛拉在内的早期佛教石窟及石刻造像，回看中国尤其是巴蜀地区的摩崖石刻，不仅有西来的传承更有本土化的创意和发展，"青出于蓝而胜于蓝"。佛教自认为是"无神教"，它的一个最基本的观点："一切众生，悉有佛性"，肯定了人人皆具足成佛的觉悟本性，只要通过修炼去除无明烦恼，还内心清净，便立地成佛，所谓"佛者，觉也"。我们今天看到的各个时期和不同地域的千姿百态的佛教摩崖造像，不过是人们深层观念形态的外在符号化和人格化象征。因此，敬佛像相当于敬自己，如若将其作为摄影创作的对象，拍摄的不也正是自己吗？小袁经常与我们分享他多年来在拍摄摩崖石窟时的心路历程，让我们深切体会到他的整个创作过程就是一次发现自己、提升自己的修行过程，他面对佛像的每一次揿动快门都是在释放内心深处对于真善美的追寻和敬仰。

其二：创意

袁蓉荪目前呈现给我们的摩崖石窟影像仍然沿用了纪实摄影的传统手法，尊重真实，还原真实而又表达了自己的主观愿景。与前面提到的单纯将摩崖造像照本宣科式的刻板记录所不同，他的影像中随时闪现着鲜活的人的身影，他将现实中人的自然的生活形态置于古老的摩崖石窟特定的人文环境之中，试图将过往与当下同构，在人与佛、静与动、虚与实以及历史与现实的往来交际中营造出一种全新的当代语境，既有宗教、审美、技艺、时代特性和文化传承等诸多信息，又传达了作为创作者在历史文化和社会发展的冲撞递进时所秉持的个人立场及价值取向。不得不说，当下正值一个影像泛滥、鱼龙混杂，却又貌似开放与多元的乱世之秋，某些所谓影像新势力为了获取迅速上位，只能采用非常之手段制造各种噱头力图将传统纪实摄影打入另册，加上资本市场别有用心的推波助澜，"传统纪实摄影非艺术、陈旧落后跟不上形势……"

诸论调喧嚣尘上，于是乎一大批以"先锋""新锐"自居者用制造让人看不懂为荣的所谓"当代摄影"蒙骗视听，起哄者甚众。其实，我还并非抱残守缺之辈，不反对艺术园地里百花争艳，杂草多点也无妨，所谓"萝卜白菜，各有所爱"，尤喜欢隔岸观火，怎奈实在看不下去不少自以为是的"青年才俊"误入歧途，虚掷了大好时光，作为"过来人"当棒喝一声：醒醒了！在我看来，绝大多数始终奉传统纪实摄影为圭臬者，多是有理想有情怀有文化的担当之人。瞧瞧小袁，坚守传统纪实摄影并在践行中寻求创新突破的姿态，实在弥足珍贵，更令人肃然。

十年，在人类历史长河中只是弹指一瞬，对于现实人生来讲不长也不短，能以十年工夫专注于一事，古称："十年磨一剑"。已知天命的袁蓉荪在摩崖石窟摄影创作中倾其十年之功，是到了可以初试剑锋、为自己的项目打一个小结的时候了。就他而言，仅是一种分享，对受众来讲当翘首以盼——熟悉他的人希望见到一个既熟悉又陌生的小袁，熟悉和不熟悉小袁的人都在企盼一种全新的影像、别样的"风景"。

陈锦

1980 年代开始摄影艺术创作及理论研究，曾在中国内地和台湾，以及美国、德国、日本等举办个人作品展，出版有《四川茶铺》(1992)、《市井》(2006)、《感怀成都》(2007)、《茶铺》(2008)、《川人茶事》(2010)等多部专著，作品被国内外艺术机构及私人收藏，荣膺第九届中国摄影金像奖，并数次获得巴蜀文艺奖及巴蜀文艺特别奖，中国国际民俗摄影人类贡献奖等各种奖项，现为中国摄影家协会纪实摄影委员会委员、中国民俗摄影协会博学会士、四川省摄影家协会副主席。

刘长久

对石窟艺术的人文关照

　　石窟寺（Grotto temples）起源于印度，初为僧人的居所和集会处，后发展为两种窟形，一是"毗诃罗"（Vihara，意为僧房，供禅行用），二是"支提"（Chaitya，意为塔庙，供僧人和信众礼拜用）。除佛教外，耆那教和印度教均开凿有石窟寺。两汉之际，印度佛教传入中国后，佛教艺术随之而影响中土。约3世纪，中国兴起开凿石窟寺之风，早期除沿袭印度的毗诃罗窟和支提窟外，后渐渐发展为塔庙窟（有中心柱的）、佛殿堂（无中心柱的）、僧房窟、大像窟、佛塔窟、禅窟以及摩崖造像等形制。自汉魏至明清，中国凿窟造像之风绵延不断。佛教开先河，道教受之影响。其题材内容之丰富，雕塑技法之多样，地域分布之广泛，造像数量之众多，已大大超越发祥地之印度。特别是敦煌石窟、云冈石窟、龙门石窟、麦积山石窟以及大足石窟等，不仅是中国宗教文化艺术瑰宝，也是极为宝贵的世界文化遗产。

　　对于石窟艺术的解读，宗教文化学家、历史学家、考古学家、艺术史家乃至艺术家，其方式方法有所不同。别的不论，单就摄影家袁蓉荪以独特的影像表达方式来解读石窟艺术而言，应当说极为鲜见。诚然，往昔海内外出版了不少的有关石窟的图书，但所辑的均是从文物考古角度来拍摄，即摄影师必须按照研究专家的要求将窟龛的形制，造像的全景、局部、特写等程式化信息，准确而清晰地拍摄，绝不允许图像中有观看之人或过往的人与杂物，以供研究专家按图配文，让阅读者了解其宗教、历史、文化、艺术等内涵。

作者积十余年时间，足迹几乎踏遍中国大江南北，倾其全力寻觅石窟，拍摄了数以万计的石窟艺术照片，现精选出中国108个经典佛窟故事结集出版，给人以独具特色的审美享受。他拍摄的佛窟艺术图片恰恰与上述文物考古拍摄方式相反，即用相机努力捕捉僧侣、香客、文物修缮工、过往村民等与佛窟的各种现实与生活场景，使动态的鲜活人物与静态的石窟造像构成一幅幅生动的画面，个中透露出摄影家对此所表达的人文关照。芸芸众生在佛的庄严妙相面前或期盼国泰民安、五谷丰登；或期望亡灵升天、自身吉利；或乞求消灾免祸、全家平安……在他们心中，佛是超自然的至高无上的，能救众生脱离苦海而进入极乐世界。

这本书浓缩了古老佛窟与百姓众生千百年的生生息息，将佛的庄严妙相与众生百态尽揽其中，让人观之回味无穷；细细品之，感受摄影之妙后，能从中见出极为丰富的宗教、历史、艺术、民俗等信息和美学意蕴。

刘长久

1944年生于四川省自贡市，1969年毕业于四川美术学院绘画系中国画专业。现为四川省社会科学院研究员。已出版《中国西南石窟艺术》《安岳石窟艺术》《南诏和大理国宗教艺术》《中国石窟雕塑全集·四川、重庆卷》《中国石窟雕塑全集·云南、贵州、广西、西藏卷》等专著，在海内外发表学术论文若干篇。

自远古 一步一趋

从此刻到刹那 袁蓉荪之镜像佛

自远古走来 **公元前 334 年** 亚历山大 **从希腊出发** 随征途遥远而来 长征
苦旅 九个世纪 海上 陆路 **希腊佛** 刚迈出行走的第一步 克里特 **巴尔干**
贝格木 帕尔 九个世纪 米兰 爱琴海 **阿波罗佛** 希腊文化 摩耶夫在树下
世界第一个殖民主义的征服者 叙利亚沙漠 东方文化遗址 巴拉巴尔
印度佛 鹿野苑 **巴比扬** 大马士革 阿尔伯 古尼希伯亚 **2600 年前**
阿富汗 波斯人融合 波斯人 **亚述艺术** 爱尔尼艺术 沙巴期卡里
喀布尔 **犍陀罗** 白沙瓦 笈多 **阿旃陀** 甘赫瑞 奥郎加巴德 **印度佛**
埃罗拉 印度河 恒河平原 锡兰 鲁德河川 前进 开伯尔山口 犍陀罗
希腊风格 旁遮普 喀布尔流域 阿图什 龟兹 **三种文明奇遇** 相遇美学
克孜尔 楼兰 吐鲁番 柏孜克里克 **丝绸之路** **敦煌** 天梯山 河西走廊
炳灵寺 **须弥山** 云冈 **龙门** 皇泽寺 千佛崖 乐山 **女岳** 华严洞 大足
玉蟾山 **步步莲花**

公元 3 世纪佛窟 2013 年 8 月　　北凉时期中心柱佛窟 2015 年 12 月　　北魏释迦大佛 2015 年 7 月　　宋代佛窟 2010 年 5 月
北周佛窟 2009 年 12 月　　唐代佛龛群 2006 年 7 月　　唐代一佛二菩萨窟 2014 年 4 月　　北齐一佛二菩萨窟 2016 年 3 月
袁蓉荪之当代镜像佛　　唐代弥勒大佛 1994 年 5 月　　唐代释迦说法龛 2012 年 12 月　　唐代药师佛窟 2011 年 7 月
唐代阿弥陀经变窟 2011 年 3 月　　宋代西方三圣 2006 年 8 月　　唐代千手观音 2008 年 11 月
唐代释迦牟尼涅槃图 2009 年 9 月　　唐代摩崖石窟群 2010 年 8 月　　**唐代七佛窟 2011 年 3 月**
唐代佛道石窟 2010 年 6 月　　五代千佛岩 2009 年 10 月　　宋代柳本尊十炼窟 2009 年 7 月　　**袁蓉荪之当代镜像佛**
宋代阿弥陀佛 2009 年 9 月　　唐代华严三圣 2015 年 10 月　　宋代孔雀明王窟 2007 年 4 月　　宋代释迦牟尼涅槃图 2011 年 4 月
袁蓉荪之当代镜像佛　　唐代观无量寿佛经变 2011 年 5 月　　唐代佛道窟 2013 年 3 月　　南宋华严三圣窟 2010 年 12 月
元代弥勒大佛 2014 年 12 月　　明代三教合一窟 2014 年 12 月　　明代韦陀龛 2011 年 3 月　　明代千手观音石刻 2010 年 7 月
现代阿弥陀佛 2013 年 4 月　　民国释迦牟尼涅槃图 2012 年 9 月　　宋代文殊师利窟 2009 年 9 月　　唐代双佛窟 2015 年 7 月

朱 成

中国当代雕塑艺术家、中国国家画院雕塑院研究员、朱成石刻艺术（私立）博物馆馆长

图书在版编目（CIP）数据

佛窟中国 / 袁蓉荪著 . -- 北京：五洲传播出版社，
2019.6

ISBN 978-7-5085-4199-0

Ⅰ . ①佛… Ⅱ . ①袁… Ⅲ . ①佛教—石窟—中国—摄
影集 Ⅳ . ① K879.202

中国版本图书馆 CIP 数据核字 (2019) 第 096330 号

中佛
国窟

作　　者	袁蓉荪
出 版 人	荆孝敏
策　　划	张　斌
责任编辑	梁　媛
装帧设计	红方众文　优　昙　朱丽娜
出版发行	五洲传播出版社
地　　址	北京市海淀区北三环中路 31 号生产力大楼 B 座 6 层
邮　　编	100088
发行电话	010-82005927，010-82007837
网　　址	http://www.cicc.org.cn，http://www.thatsbooks.com
印　　刷	天津图文方嘉印刷有限公司
版　　次	2019 年 6 月第 1 版第 1 次印刷
开　　本	787mm×1092mm　1/16
印　　张	19.5
字　　数	240 千
定　　价	98.00 元